TEMAS CANDENTES

NICKY GUMBEL

Temas candentes
Título original: *Searching Issues*
Copyright © Nicky Gumbel 2013

Primera edición en inglés: 1994
Nueva edición en inglés: 2016

Traducido al español por Jaime Álvarez Nistal
Traducción española © 2016 Alpha International, Holy Trinity Brompton,
Brompton Road, Londres SW7 1JA, Reino Unido.

El derecho de Nicky Gumbel de ser identificado como autor de esta obra
ha sido ratificado por él según lo dispuesto en la
Ley de Patentes, Diseños y Derechos de Autor de 1988
(Copyright, Designs and Patent Act 1988).

ISBN 978-1-938328-81-7 (print)
ISBN 978-1-938328-22-0 (Kindle)

Ilustraciones de Charlie Mackesy.

Publicado por Alpha International
HTB Brompton Road
Londres, SW7 1JA
Email: recursos@alpha.org
Página web: alpha.org/latinoamerica
@alphacourse

CONTENIDOS

PREFACIO

En la actualidad, el interés por temas espirituales ha aumentado de una manera espectacular. Es bastante común encontrarse con programas de televisión, foros en línea o artículos periodísticos que tratan temas como la búsqueda del sentido de la vida, la vida después de la muerte o la existencia de Dios. Muchos de ellos han empezado a mirar con nuevos ojos al cristianismo. Algunos programas de televisión, como *The Big Silence* y *The Monastery*[1], han acompañado a sus participantes, apenas familiarizados con el catolicismo o la vida monástica, en una experiencia de inmersión —en el caso del último programa— en la Abadía de Worth, un monasterio benedictino en West Sussex, Inglaterra. Estos programas han generado un interés extraordinario. Desde entonces se han emitido programas similares en Estados Unidos y en Australia.

En mis conversaciones con otras personas sobre la fe cristiana, especialmente con personas que no son cristianas, casi siempre surgen las mismas preguntas. Algunas preguntas tratan sobre el lugar del cristianismo en el mundo actual. Por ejemplo: «¿Qué relación hay entre el cristianismo y la ciencia moderna?», o «¿Cómo pueden responder los cristianos a la acusación de que la religión es más perjudicial que beneficiosa o de que es totalmente irrelevante en la sociedad moderna?». Otras preguntas se refieren a aspectos propios de la fe cristiana, como por ejemplo, la postura del cristianismo frente a otras religiones, o la aparente inverosimilitud de que Dios sea, al mismo tiempo, Una y Tres Personas —Padre, Hijo y Espíritu Santo—.

En Alpha, un programa cuyo objetivo es ayudar a la gente que se plantea esas cuestiones, ofrecemos una serie de charlas recogidas en otro libro, titulado *Preguntas de la vida*. Es en el debate que sigue a las charlas donde suelen surgir dichas cuestiones. Los participantes en Alpha pueden estar de acuerdo con mucho de lo que se dice en las charlas, pero a menudo expresan sus dudas y objeciones. Este libro pretende abordar algunas de esas dudas. En él quiero detenerme en esos temas que con frecuencia se consideran objeciones a la fe cristiana, pero que sobrepasan en cierto modo el alcance de *Preguntas de la vida*. Todos ellos son «temas candentes», tanto en el sentido de que son preguntas de quienes están buscando la verdad, como en el sentido de que esas preguntas son complejas y difíciles de responder. Hoy en día hay gente que sugiere que la «fe» es irracional por definición. A pesar de su gran importancia en la vida de muchas personas, se suele pensar que la fe no tiene bases demostrables y que es, por consiguiente, inmune a la crítica. En el último capítulo «¿Es la fe irracional?», respondo directamente a esta pregunta y sugiero que hay buenas razones para creer, y que ser cristiano no es un salto ciego o irracional. No obstante, afirmar que la fe cristiana no es irracional no quiere decir que todo lo que haya en ella sea total y fácilmente comprensible. Vivimos en un mundo lleno de misterios y el cristianismo no es diferente en ese respecto. Este libro pretende abordar con franqueza preguntas y desafíos importantes para dar respuesta a algunos de los principales *temas candentes* del cristianismo.

La fe es parte de la vida, y este libro trata de ser coherente con la vida. Una de las consecuencias de ser coherente con la vida es reconocer que las respuestas viables y convincentes a algunas de las preguntas más importantes del universo no se ofrecen solo intelectualmente. El corazón también forma parte de la vida. Las respuestas a esas preguntas no deben ser solo intelectualmente adecuadas, sino que deberían cambiar nuestra vida. Este libro no solo intenta preguntar por qué Dios permite el sufrimiento, sino vislumbrar al Dios que está con nosotros en nuestro sufrimiento de una manera que transforma nuestra propia experiencia. No pretende meramente satisfacer nuestra mente lógica con una respuesta sobre un Dios que es Uno y Trino, sino que trata de ofrecernos esa realidad como un misterio que nos impele a la adoración y que nos transmite un sentido más profundo, no solo de quién es Dios, sino también de para qué fuimos creados.

Estos importantes *temas candentes* sobre la ciencia y el lugar de la religión en la historia, el sufrimiento y la naturaleza de Dios se encuentran en realidad en el núcleo de la fe cristiana. Espero que a través de esta lectura puedas percibir que la fe cristiana —lejos de ser un salto irracional en el que dejamos el cerebro a un lado— está profundamente abierta a un diálogo continuo y a un humilde auto-cuestionamiento. De hecho, en ocasiones, es a través de nuestra implicación en estos *temas candentes* como podemos vislumbrar con una nueva luz al Dios grande y misterioso que adoramos.

«¿Dónde hay que dejar el cerebro?».

Cada una de estas preguntas es amplia y compleja. Cada tema se inserta en aspectos teológicos fundamentales. Obviamente, no todos ellos se pueden abordar en pocas páginas. Cada capítulo es un intento de resumir algunos de los principales argumentos y de sugerir algunas directrices prácticas.

Me gustaría agradecer a todos los que me han ayudado con sus comentarios a esta nueva edición, especialmente al Rev. David Ingall, al Rev. Pete Bellenger, a Julia Evans y a Mark Knight. Mi agradecimiento va asimismo a Jo Glen, Patricia Hall, Helena Hird, Rev. Chris Ash, David Sinclair, Rev. Graham S. Tomlin, Chris Simmonds, Tom Smiley, Tamsen Carter, Philippa Pearson Miles, Jon Soper y Dr. Roland Werner por su trabajo dedicado al libro original.

Notas

1. N. del T.: Programas de televisión emitidos por el canal 2 de la BBC, que muestran cómo sus participantes dejan temporalmente sus ajetreadas vidas para retirarse en un monasterio y recibir dirección espiritual.

CAPÍTULO 1

¿POR QUÉ PERMITE DIOS EL SUFRIMIENTO?

Un joven neoyorquino llamado Glenn Chambers había soñado desde pequeño trabajar para Dios en Ecuador. El día de su partida, en el aeropuerto, quiso escribirle una nota a su madre, pero no tenía tiempo para comprarle una postal. Vio un trozo de papel en el suelo de la terminal y lo recogió. Resultó ser una hoja publicitaria con un gran «¿Por qué?» en el centro. Escribió su mensaje alrededor del «¿Por qué?». Esa misma noche su avión se estrelló contra el Cerro de El Tablazo, en Colombia, de 3.500 m de altura sobre el nivel del mar. Cuando su madre recibió la nota, después de haber conocido la noticia de su muerte, la pregunta parecía arder en sus manos: «¿Por qué?».

El tema del sufrimiento es la objeción más frecuente que se hace a la fe cristiana. Estamos expuestos continuamente al sufrimiento. «Sin duda, la existencia del sufrimiento constituye el desafío más grande a la fe cristiana, y lo ha sido en todas las generaciones. Su alcance y gravedad parecerían ser totalmente fortuitas y por consiguiente injustas».[1]

En primer lugar, percibimos el sufrimiento a escala mundial, es decir, cuando afecta a naciones o a comunidades enteras. Las catástrofes naturales, como los terremotos, las hambrunas o las inundaciones, causan un dolor prolongado y arbitrario al mundo. Además de las dos guerras mundiales, que centraron profundamente nuestra atención en el sufrimiento mundial, los duros conflictos y el terrorismo que hay en el mundo continúan causando un gran sufrimiento a las familias y a la sociedad. Pero no es solo la guerra la que origina esa violencia.

En segundo lugar, somos testigos de tragedias comunitarias. Una de las peores catástrofes ocurridas en el Reino Unido, cuya huella, tras de más de cincuenta años, aún persiste, tuvo lugar en Aberfan, en el sur de Gales, el 21 de octubre de 1966, cuando la escombrera de una mina de carbón se desmoronó y devastó Pantglas Junior School, matando a 116 niños y 28 adultos. Casi a diario leemos u oímos noticias de accidentes aéreos, naufragios u otras catástrofes que afectan la vida de cientos de personas.

En tercer lugar, el sufrimiento, a nivel personal, en mayor o menor medida nos afecta a todos. El sufrimiento puede estar causado por diferentes motivos: la muerte de un ser querido, la enfermedad, la incapacidad, la ruptura de relaciones, matrimonios desdichados, la soltería no deseada, la depresión, la soledad, la pobreza extrema, la persecución, el rechazo, el desempleo, la injusticia, la tentación intensa o la frustración. El sufrimiento nos llega en una variedad ilimitada de formas y nadie es inmune a él.

Es importante destacar que el sufrimiento no es un problema en todas las religiones. Sin embargo, constituye un grave problema en la tradición judeocristiana puesto que esta afirma que Dios es totalmente bueno y todopoderoso. C.S. Lewis planteó sucintamente el argumento opuesto: «Si Dios fuera bueno, desearía que sus criaturas fueran perfectamente felices, y si fuera todopoderoso sería capaz de hacer aquello que desea. Por lo tanto, Dios carece de bondad o poder, o de ambas facultades».[2]

Teólogos y filósofos han intentado dar respuesta durante siglos al problema del sufrimiento y nadie ha conseguido ofrecer una respuesta sencilla y completa. La Biblia es fundamentalmente un libro práctico y nunca aborda este tema de forma sistemática y filosófica. Lo que sí encontramos allí es una serie de aproximaciones al problema desde el Génesis hasta el Apocalipsis. Parece haber cuatro intuiciones superpuestas, que analizaremos por separado.

La libertad humana

De principio a fin, la Biblia nos cuenta una historia que contextualiza algunas de nuestras preguntas humanas más básicas. Al principio, describe un mundo en el que no existen el mal ni el sufrimiento.

El sufrimiento no es parte del orden original creado por Dios (Génesis 1-2). No había sufrimiento en el mundo antes de que la humanidad se rebelara contra Dios. Al final de la historia, Dios redime al mundo y acaba con el sufrimiento. No habrá sufrimiento cuando Dios establezca «un cielo nuevo y una tierra nueva» (Apocalipsis 21,1). No habrá más llanto ni dolor. El sufrimiento entró en el mundo únicamente porque Adán y Eva pecaron. Se trata, por consiguiente, de una intrusión ajena al mundo de Dios. Si todo sufrimiento es consecuencia del pecado, directa o indirectamente, ¿por qué permitió Dios que el pecado entrara en el mundo? Lo hizo porque nos ama y quiso hacernos libres. El amor no es amor si es forzado; solo puede ser amor si hay una verdadera elección. Dios dio a los seres humanos la elección y la libertad de amar o de no amar. Desde esta libertad, los hombres y las mujeres han escogido, desde el principio, violar las leyes de Dios. El resultado ha sido el sufrimiento. De nuevo, como C.S. Lewis afirma:

> Sin lugar a dudas, para Dios habría sido posible eliminar, mediante un milagro, los resultados del primer pecado cometido por un ser humano; pero esto no habría servido de mucho, a no ser que Él estuviera dispuesto a eliminar los resultados del segundo pecado, del tercero, y así sucesivamente. Pero si los milagros cesaran, tarde o temprano habríamos alcanzado nuestra lamentable situación actual; y si no cesaran, entonces un mundo tan mal entendido y continuamente corregido mediante la intervención divina, habría sido un mundo en el cual jamás algo importante habría dependido de la elección humana, y en el cual la elección misma se acabaría debido a la certeza de que una de las aparentes alternativas no llevaría a resultado alguno y, por lo tanto, no representaría verdaderamente una alternativa.[3]

Precisamente porque nos ama, Dios nos ha creado libres. Sin duda, parte del sufrimiento que soportamos en esta vida se debe a *nuestro propio pecado*. A través de nuestras elecciones egoístas y equivocadas, desgraciadamente acabamos perjudicándonos a nosotros mismos. A veces, el sufrimiento es la consecuencia inevitable de haber violado la ley de Dios. Las leyes físicas de la naturaleza son ineludibles; por ejemplo, quien pone la mano en el fuego se quema. En este contexto, el dolor actúa como un sistema de advertencia cuando ejecutamos elecciones erróneas. También hay leyes morales. Dios creó un mundo basado en fundamentos morales y hay una relación natural entre el pecado y sus consecuencias. Si una persona consume droga, la drogadicción puede ser la consecuencia. Si bebemos en exceso, es posible que acabemos siendo alcohólicos. Si alguien conduce bajo los efectos del alcohol y tiene un accidente, las lesiones que sufra serán parcialmente el resultado de su pecado. Del mismo modo, el egoísmo, la avaricia, la lujuria, la arrogancia y el mal humor son a menudo el origen de ruptura en las relaciones y de infelicidad.

A veces, en la Biblia, Dios interviene activamente para juzgar en esta vida, pero es importante observar que en la Biblia no hay una relación automática entre un pecado específico y una experiencia concreta de sufrimiento. El diluvio bíblico es un ejemplo de sufrimiento a escala mundial causado por el pecado y cuyo resultado es el juicio de Dios. «Al ver el Señor que la maldad del ser humano en la tierra era muy grande, y que todos sus pensamientos tendían siempre hacia el mal, [...] su corazón se llenó de dolor» (Génesis 6,5-6). En el caso de Sodoma y Gomorra, el juicio de Dios sobre el pecado fue la causa de una catástrofe comunitaria. En otras ocasiones, vemos el juicio de Dios sobre un pecado individual (2 Reyes 5,27; Lucas 1,20; Juan 5,14; Hechos 5,1-11; 1 Corintios 11,30).

Los amigos de Job pensaban que el sufrimiento de Job se debía a su pecado, pero estaban equivocados (Job 42,7-8). Jesús rechaza expresamente la relación automática entre pecado y sufrimiento en Juan 9. Sus discípulos le preguntan: «Para que este hombre haya nacido ciego, ¿quién pecó, él o sus padres?». La respuesta de Jesús es: «Ni él pecó, ni sus padres» (9,2). También afirma que las catástrofes naturales no son un tipo de castigo de Dios al preguntar: «¿Piensan ustedes que esos galileos, por haber sufrido así, eran más pecadores que todos los demás? ¡Les digo que no!» (Lucas 13,1-5). El apóstol Pedro establece una distinción entre el sufrimiento como resultado de nuestro propio pecado (un «maltrato por hacer el mal», 1 Pedro 2,20) y el sufrimiento que no tiene relación con nuestro pecado («sufrimiento injusto», v. 19) o el que está causado por «hacer el bien» (v. 20). A la luz de estas cuidadosas distinciones hechas por la Biblia, sería erróneo decir que ciertos acontecimientos ocurran debido a algún pecado relacionado con una persona, pueblo o región, y a su juicio directo de Dios.

Mientras que es apropiado examinar nuestro corazón cuando estamos sufriendo, debemos tener cuidado y no emitir juicios sobre por qué otras personas sufren. El pastor británico David Watson, que murió de cáncer a la edad de 50 años, señaló el peligro de juzgar a los

El peligro de asociar el sufrimiento con el pecado es que el enfermo se sienta culpable en todos los casos. He hablado muchas veces con gente que está gravemente enferma y he descubierto que se preguntaban ansiosamente qué habían hecho para provocar tal situación. Se culpan; o si no pueden vivir con eso, proyectan su culpabilidad en otros o en Dios. ¡Es culpa de alguien! El problema es que tanto los sentimientos de culpabilidad, que a menudo son imaginarios, como las acusaciones directas, que con frecuencia son injustas, lo único que hacen es agudizar la enfermedad. Ambas actitudes dificultan la sanación.

No obstante, sé lo fácil que es caer en eso. A veces he pensado que mi asma o cáncer son un castigo por mis pecados. Recuerdo avergonzado muchas cosas estúpidas que hice en el pasado y, con una conciencia lo suficientemente sensible, no es difícil sentirse culpable y condenado. El aspecto positivo de esto, es que todas mis aflicciones me han inducido a buscar en las profundidades de mi corazón y a arrepentirme de todas las acciones o actitudes pecaminosas que pudiera allí descubrir. He conocido a mucha gente que se ha sanado de una forma extraordinaria después de un proceso de arrepentimiento similar, asociado a una experiencia del perdón de Dios. No es malo, por tanto, considerar detenidamente nuestra vida, a ojos de Dios, para conocer la alegría y la libertad de su amor.

Al mismo tiempo, el aspecto negativo de todo esto surge cuando esa introspección da lugar a una culpabilidad lacerante y enfermiza y, probablemente, a una imagen muy pobre de Dios. ¿Cabría concebir, cuando vemos a Jesús curando a los enfermos y perdonando a los pecadores, que Dios dijera: «Ah, mira a David Watson. Metió la pata gravemente el mes pasado, así que voy a castigarlo con asma durante los próximos veinte años», o más adelante: «Me ha vuelto a decepcionar, así que esta vez lo destruiré con cáncer»? Estos pensamientos no solo son ridículos, sino casi blasfemos y totalmente ajenos a un Dios de infinito amor y misericordia como el que claramente vemos en Jesús.[4]

Gran parte del sufrimiento de nuestro mundo es el resultado del *pecado de otras personas.* Este es el caso de muchas catástrofes mundiales y comunitarias. La guerra, por ejemplo, es el origen de muchísimo sufrimiento. Las guerras son siempre el resultado del pecado humano, aunque el pecado esté a menudo en los dos bandos. Gran parte del hambre en el mundo está causada por la distribución desigual de los recursos mundiales, o por guerras civiles, o por otros pecados humanos. Incluso la catástrofe en Aberfan no fue «natural». Una investigación de cinco meses liderada por el magistrado Edmund Davies dictaminó que Explotaciones Hulleras Británicas había sido el organismo responsable del accidente. Una mujer que había hecho un donativo al fondo de ayuda a los afectados dijo: «Me enfurecí con Dios, pero luego me di cuenta de que la catástrofe había sido causada por la avaricia e incompetencia del hombre».[5]

Del mismo modo, el sufrimiento individual suele ser resultado del pecado de otros. Hay muchísimo sufrimiento causado por asesinatos, adulterio, robos, abusos sexuales, malos padres, conducción imprudente o bajo los efectos del alcohol, difamación, crueldad o egoísmo de cualquier tipo. Hay quienes afirman que el 95 por ciento del sufrimiento en el mundo puede explicarse de este modo.

Esto nos deja con un reducido porcentaje que solo se puede explicar si aceptamos que vivimos en un mundo caído: un mundo donde toda la creación se ha visto afectada por el pecado de los seres humanos. Por el pecado de Adán y Eva, «los cardos y las espinas» entraron en el mundo (Génesis 3,18). Desde entonces, «la creación ha sido sometida a la frustración» (Romanos 8,20). Las catástrofes «naturales» son resultado de este desorden en la creación.

La libertad humana no siempre ofrece una respuesta a la pregunta de por qué una persona en particular o un país determinado sufren tanto, pero sí nos permite explicar el origen del sufrimiento. Todo sufrimiento es resultado del pecado, tanto directamente —como efecto de mi propio pecado o del pecado de otra persona— como indirectamente —como consecuencia de vivir en un mundo caído—.

Dios actúa en el sufrimiento

La segunda intuición es que Dios, como nos ama, se sirve del sufrimiento para el bien, en una multitud de formas. Él actúa en el sufrimiento. El sufrimiento no es un bien en sí mismo, ni está *causado* directamente por Dios, pero Dios puede usarlo para el bien.

En primer lugar, Dios se sirve del sufrimiento para acercarnos a Cristo. C.S. Lewis escribió:

> Dios nos susurra en nuestros placeres, nos habla en nuestra conciencia, pero nos grita en nuestros dolores: es su megáfono para despertar a un mundo sordo [...]. No hay duda de que el dolor, como megáfono de Dios, es un instrumento terrible; puede conducir a la rebelión final y sin arrepentimiento, pero otorga al hombre malvado la única posibilidad que puede tener para enmendarse. Descorre el velo; implanta la bandera de la verdad en el fuerte del hombre rebelde.[6]

Esto se ha ido demostrando repetidamente en la experiencia cristiana. Todos conocemos a gente que ha empezado a pensar en Dios únicamente como resultado del sufrimiento causado por la pérdida de un ser querido, la ruptura de una relación o por cualquier otro tipo de dolor en su vida.

En segundo lugar, Dios puede actuar en nuestro sufrimiento y servirse de él para llevarnos a la madurez cristiana. El mismo Jesús «aprendió a obedecer mediante el sufrimiento» (Hebreos 5,8). Dios puede usar el sufrimiento para forjar nuestro carácter. El Nuevo Testamento utiliza la imagen de la disciplina aplicada a los niños. El autor de la carta a los Hebreos dice que nuestros padres «nos disciplinaron por un breve tiempo, como mejor les parecía; pero Dios lo hace para nuestro bien, a fin de que participemos de su santidad» (Hebreos 12,10). Nos recuerda que «ninguna disciplina, en el momento de recibirla, parece agradable, sino más bien penosa; sin embargo, después produce una cosecha de justicia y paz para quienes han sido entrenados por ella» (Hebreos 12,11).

Pedro utiliza una imagen completamente diferente: la de un obrero metalúrgico que purifica plata y oro. Afirma que todos sus lectores probablemente hayan «tenido que sufrir diversas pruebas por un tiempo» (1 Pedro 1,6) y continúa explicando por qué Dios lo permite: «El oro, aunque perecedero, se acrisola al fuego. Así también la fe, que vale mucho más que el oro, al ser acrisolada por las pruebas demostrará que es digna de aprobación, gloria y honor cuando Jesucristo se revele» (1 Pedro 1,7).

Dios también se sirve del sufrimiento para que nuestras vidas sean más fructíferas. Jesús, utilizando otra imagen sobre un tema similar, dijo que así como el labrador poda la vid, Dios poda toda rama que da fruto «para que dé más fruto todavía» (Juan 15,2). Cualquiera de nosotros, frente al sufrimiento, se preguntará más de una vez qué sentido tiene todo eso y dónde está Dios exactamente en medio de ese sufrimiento. Pablo nos dice que podemos estar totalmente seguros de que Dios está actuando en nuestra vida a través del sufrimiento: «Sabemos que Dios dispone todas las cosas [esto es, cosas buenas y cosas no tan buenas] para el bien de quienes lo aman, los que han sido llamados de acuerdo con su propósito» (Romanos 8,28). Esto también se ha demostrado, una y otra vez, en la experiencia cristiana. El predicador Smith Wigglesworth, que lideró un importante ministerio de sanación entre finales del siglo XIX y principios del siglo XX, dijo: «Una fe intensa es producto de luchas intensas. Grandes testimonios son el resultado de grandes pruebas. Enormes triunfos solo pueden surgir de enormes tribulaciones».

Nadie desea sufrimiento para sí mismo o para los demás, y, sin embargo, hay muchas personas que reconocen en episodios de intenso dolor y sufrimiento unas de las épocas más transformadoras de sus vidas. Christopher Compston, abogado durante mucho tiempo y actualmente juez, escribió:

> Hace más de veintitrés años, mi primer hijo, Harry, murió después de tan solo treinta y seis horas. En aquel momento, su muerte me pareció tremendamente injusta y, en cierto modo, sin duda lo fue. Ahora, en retrospectiva, estoy bastante seguro de que su muerte fue una de las mejores cosas que me han pasado, porque desencadenó un proceso de desintegración personal a través del cual, con la gracia de Dios, pude empezar a comprender cómo se sentían y sufrían otras personas.[7]

Asimismo, ser testigo del sufrimiento en la vida de los demás también puede ser profundamente conmovedor. David Watson describió brevemente, antes de su muerte, cómo el sufrimiento puede hacer más clara la acción de Dios en nuestra vida:

No hay duda de que millones de cristianos a lo largo de los siglos han llegado a identificarse más con Cristo a través del sufrimiento. Conozco a muchos en los que se aprecia una belleza etérea, refinada por el sufrimiento. De hecho, entre todas las personas que he conocido, los que han experimentado en mayor medida el amor de Dios son los que han soportado más sufrimiento. Cuando uno estruja ramitas de lavanda, es cuando aprecia toda su fragancia; cuando uno exprime una naranja, es cuando extrae su dulce jugo. Del mismo modo, es a través de dolores y heridas como solemos desarrollar la fragancia y la dulzura de Jesús en nuestra vida. Un catedrático de filosofía en la Universidad de Princeton abrazó el cristianismo después de estudiar detenidamente la vida de algunos de los grandes santos de Dios en la historia de la Iglesia. Lo que más le impresionó fue su resplandor en medio del sufrimiento. A menudo sufrieron intensamente, mucho más que la mayoría de la gente, y sin embargo, a lo largo de toda su agonía, su espíritu brillaba con un lustre glorioso que desafiaba la finitud. El filósofo se convenció de que en ellos había algún poder en acción, y este descubrimiento le llevó finalmente a Cristo.[8]

Ciertamente, a este respecto, nuestra tentación puede ser decir a Dios: «Estoy bien así. Déjame en paz, por favor». Pero, como señala C.S. Lewis, eso sería querer que Dios nos amara menos.

Puede ser que un artista no se tome mayor trabajo al hacer un rápido bosquejo para entretener a un niño; puede que lo dé por terminado, a pesar de no estar exactamente como pretendía que fuera. Pero, con la gran obra de su vida —la obra que ama tan intensamente, aunque de manera diferente, como un hombre ama a una mujer, o una madre a su hijo—, se tomará molestias interminables y, sin lugar a dudas, causaría molestias interminables a su cuadro, si este fuera sensible. Uno puede imaginarse a un cuadro sensible después que ha sido borrado, raspado y recomenzado por décima vez, deseando ser solo un pequeño bosquejo que se termina en un minuto. De igual forma, es natural que nosotros deseemos que Dios hubiese proyectado para nosotros un destino menos glorioso y menos arduo; pero, en tal caso, no estaríamos deseando más amor, sino menos.[9]

En tercer lugar, Dios se sirve a menudo del sufrimiento para llevar a cabo sus buenos propósitos. Un claro ejemplo de esto es la vida de José (Génesis 37-50). Sufrió el rechazo de su familia más cercana y fue separado de las personas a quienes quería. Lo llevaron a la fuerza a Egipto, lejos de su padre, a quien no volvió a ver hasta después de veinte años. En Egipto fue encarcelado injustamente por un delito que no había cometido. Durante trece años se enfrentó a tribulaciones, tentaciones y pruebas hasta que, a la edad de treinta años, fue nombrado administrador de Egipto y desde ese puesto pudo salvar la vida, no solo de su familia, sino también del pueblo de Dios. Hacia el final de su vida pudo hablar a sus hermanos de su sufrimiento diciendo: «Es verdad que ustedes pensaron hacerme mal, pero Dios transformó ese mal en bien para lograr lo que hoy estamos viendo: salvar la vida de mucha gente» (Génesis 50,20).

No es siempre fácil ver, en el momento, lo que Dios está haciendo. En las primeras fases de su vida, José no habría podido apreciarlo tan claramente. Con frecuencia no somos capaces de entender lo que está pasando o por qué estamos sufriendo de una determinada manera.

Handley Moule, siendo obispo de Durham, visitó en una ocasión las familias de 170 mineros que habían fallecido en un accidente en la mina. Mientras se preguntaba qué podría decirles, tomó un marcapáginas bordado que su madre le había regalado. Al observarlo, se dio cuenta de que en el reverso, había una maraña de hilos. No había lógica en ellos, ni patrón, ni rima: nada. Pero en el otro lado se leía: «Dios es amor». El mundo puede parecernos una maraña, pero detrás de todo eso está el amor de Dios.

Hemos visto que podemos empezar a encontrar sentido en algunos sufrimientos, cuando entendemos que Dios puede servirse de ellos para llevarnos a Cristo o para ayudarnos a madurar en nuestra fe. No obstante, quedan aún otros sufrimientos que no podemos comprender o explicar de ninguna de estas maneras.

Dios compensa con creces nuestro sufrimiento

Vemos en la historia de José cómo Dios lo bendijo en medio de su sufrimiento. Incluso como esclavo de Potifar, «el Señor estaba con José y lo hacía prosperar en todo» (Génesis 39,3). Cuando José fue encarcelado, de nuevo «el Señor estaba con él» (Génesis 39,21) e hizo que se ganara la confianza del guardia de la cárcel, el cual puso a José a cargo de esta, porque «el Señor estaba con José y hacía prosperar todo lo que él hacía» (Génesis 39,23). Dios le dio unos dones sobrenaturales tan extraordinarios que el mismo faraón reconoció en él un hombre lleno del Espíritu de Dios (Génesis 41,38) y lo puso a cargo de todo el territorio de Egipto (v. 41). En esa posición, tuvo la alegría de ver a toda su familia reunida y a salvo de la hambruna.

Job también atravesó un periodo de sufrimiento terrible: perdió toda su riqueza, todos sus hijos murieron y contrajo la enfermedad más espantosa de su época. Al final del libro, leemos cómo el Señor bendijo la siguiente etapa de la vida de Job aún más que la anterior. Además de abundante riqueza, Job tuvo siete hijos y tres hermosas hijas. Vivió una larga vida y conoció a sus nietos y bisnietos.

Para muchos, como para José y para Job, las bendiciones que recibimos de Dios en nuestro sufrimiento y a través de él pueden compensar o superar con creces el mismo sufrimiento. Pero el Nuevo Testamento nunca nos induce a pensar que siempre sea así. A menudo, no experimentaremos tales bendiciones en esta vida.

Sin embargo, a todos los cristianos se nos promete algo incluso mayor: la esperanza del cielo. Pablo dice: «De hecho, considero que en nada se comparan los sufrimientos actuales con la gloria que habrá de revelarse en nosotros» (Romanos 8,18). En otra ocasión escribió: «Pues los sufrimientos ligeros y efímeros que ahora padecemos producen una gloria eterna que vale muchísimo más que todo sufrimiento» (2 Corintios 4,17).

Gavin Reid, antiguo obispo de Maidstone, cuenta el testimonio de un muchacho de su comunidad cristiana que se había destrozado la espalda al caerse por unas escaleras cuando tenía tan solo un año. Como consecuencia de la caída se veía obligado a ingresar en el hospital con frecuencia. Cuando Gavin lo entrevistó en la iglesia, el muchacho dijo: «Dios es justo».

Gavin le interrumpió y le dijo:

—¿Cuántos años tienes?

—Diecisiete —respondió el muchacho.

—¿Cuántos años has pasado en el hospital?

—Trece años.

—¿Te parece que eso es justo? —preguntó Gavin.

—Dios tiene toda la eternidad para compensarme.

Dios tiene ciertamente toda la eternidad para compensarnos, y el Nuevo Testamento está lleno de promesas sobre lo maravilloso que será el cielo. Toda la creación será restaurada. Jesús regresará a la tierra para establecer un cielo nuevo y una tierra nueva (Apocalipsis 21,1). No habrá más llanto, pues no habrá más dolor ni sufrimiento. Nuestro cuerpo frágil, corruptible y mortal será cambiado por un cuerpo glorioso como el de Jesús resucitado. Nos reencontraremos con todos los que han muerto «en Cristo» y viviremos juntos en la presencia de Dios eternamente. A este respecto, Martín Lutero dijo en una ocasión: «No cambiaría un instante del cielo por todas las alegrías y riquezas del mundo, aunque duraran miles y miles de años».

Vivimos en un mundo materialista que ha perdido casi completamente su perspectiva de eternidad. Necesitamos adoptar una visión a largo plazo y comprender el sufrimiento de esta vida en un contexto de eternidad. No estamos hablando de un consuelo ficticio para ilusos. Como señala el teólogo McGrath: «Si la esperanza cristiana del cielo fuera una ilusión basada en mentiras, tendría que desecharse como falsa y engañosa. Pero si es cierta, debe abrazarse de tal modo que transfigure nuestra manera de ver el sufrimiento en la vida».[10]

Dios participa de nuestro sufrimiento

Debemos estar preparados para reconocer que no hay una respuesta sencilla y definitiva al porqué del sufrimiento. Pero sí podemos abordar el problema desde una perspectiva diferente: Dios es un Dios que sufre a nuestro lado.

Esta cuarta intuición es quizá la más importante de todas. Una vez oí al teólogo John Stott decir: «No podría creer en Dios si no fuera por la cruz». Dios no es un Dios inmune al sufrimiento. No está observándonos como un espectador impasible enormemente alejado del sufrimiento del mundo. Lo vemos en la Biblia y, sobre todo, en la cruz. Él es, en palabras de Tertuliano, «el Dios crucificado». Dios estaba «en Cristo» reconciliando al mundo consigo mismo (2 Corintios 5,19). Se hizo uno de nosotros; sufrió de todas las formas que nosotros sufrimos. No solo sabe qué es el sufrimiento, sino que él mismo lo ha experimentado; sabe lo que sentimos cuando sufrimos.

En 1967, una hermosa y atlética joven, llamada Joni Eareckson, tuvo un accidente terrible al tirarse de cabeza en la Bahía de Chesapeake (Estados Unidos), que la dejó tetrapléjica. Poco a poco, después de la amargura, la ira, la rebeldía y la desesperación que sintió en un principio, pudo confiar en la soberanía de Dios. Se dedicó a la pintura, sosteniendo el pincel con la boca, y a dar conferencias. Una noche, tres años después del accidente, se dio cuenta de que Jesús la comprendía perfectamente. No se le había ocurrido antes que, en la cruz, Jesús soportara un dolor semejante al suyo, incapaz de moverse, igualmente paralizado.[11]

La breve obra de teatro titulada *El largo silencio* transmite el mismo mensaje:

Al final del tiempo, miles de millones de personas estaban esparcidas por una gran llanura delante del trono de Dios.

La mayoría retrocedía ante la brillante luz delante de ellos. Pero algunos hablaban acaloradamente; no mostraban vergüenza sino beligerancia.

— ¿Puede Dios juzgarnos? ¿Cómo puede saber lo que es el sufrimiento? —espetó con desparpajo una joven muchacha morena. Abrió de un tirón una manga para mostrar un número tatuado en un campo de concentración nazi—. ¡Nosotros soportamos el terror..., los golpes..., la tortura..., la muerte!

En otro grupo, un muchacho negro se abrió el cuello de la camisa.

— ¿Qué me dicen de esto? —preguntó secamente, mostrando una horrible quemadura de soga—. ¡Linchado... por el único crimen de ser negro!

En otro grupo, una niña de edad escolar, encinta, con ojos resentidos murmuró:

— ¿Por qué tengo que sufrir yo? No fue culpa mía.

A lo lejos, sobre la llanura, había cientos de grupos similares. Cada uno tenía una queja contra Dios por el mal y el sufrimiento que permitía en su mundo. Qué suerte tenía Dios de vivir en el cielo donde todo era dulzura y luz, sin lágrimas ni temor, hambre ni odio. ¿Qué sabía Dios sobre todo lo que el ser humano estaba obligado a soportar en este mundo? Dios lleva una vida bastante protegida, decían.

De modo que cada uno de estos grupos mandó a su líder, elegido porque era el que más había sufrido. Un judío, un negro, una persona de Hiroshima, una persona horriblemente deformada por la artritis y un niño afectado por la talidomida. En el centro de la llanura se consultaron unos a otros. Por fin estaban listos para presentar su caso. Resultó bastante coherente.

Antes de que Dios pudiera estar en condiciones de ser el juez, tenía que soportar lo que habían soportado ellos. Su decisión fue que Dios debía ser sentenciado a vivir en la tierra ¡como hombre!

«Que al nacer sea judío. Que se ponga en tela de juicio la legitimidad de su nacimiento. Que se le asigne un trabajo tan difícil que hasta su familia piense que está loco cuando trate de cumplirlo. Que sea traicionado por sus amigos más íntimos. Que tenga que enfrentar cargos falsos, ser juzgado por un tribunal prejuiciado y ser sentenciado por un juez de poco carácter. Que sea torturado.

Al final, que vea lo que significa estar terriblemente solo. Luego, que muera. Que muera de manera que no quede duda alguna de que murió. Que haya una gran multitud de testigos para verificarlo».

A medida que cada líder anunciaba su porción de la sentencia, audibles murmullos de aprobación subían de la multitud reunida allí.

Y cuando el último hubo terminado de pronunciar su parte de la sentencia, hubo un prolongado silencio. Nadie pronunció una sola palabra más. Nadie se movió. Porque súbitamente todos comprendieron que Dios ya había cumplido su sentencia.[12]

Ciertamente, esta historia no es una analogía: Dios no tiene que cumplir sentencias ni tiene que justificarse. La debilidad de esta ilustración es que representa a una humanidad que juzga a Dios. Como ya hemos visto, no podemos juzgar a Dios, porque nuestro entendimiento es demasiado limitado. Dios está muy por encima y más allá de nuestra capacidad de comprensión. Pero esta historia nos recuerda que Dios está presente en todo sufrimiento, junto a nosotros. Estuvo dispuesto a entrar en nuestro sufrimiento, a ser «varón de dolores, hecho para el sufrimiento» (Isaías 53,3). El conocimiento de su sufrimiento elimina lo que el teólogo Jürgen Moltmann ha llamado «el sufrimiento en el sufrimiento». Es extraordinario saber que el Dios de toda la creación puede estar con nosotros en nuestros momentos más oscuros. No estamos solos en nuestro dolor. Cuando sufrimos, él sufre con nosotros.

¿Cómo respondemos al sufrimiento?

Cuando estamos sufriendo, no siempre podemos entender por qué. Dios nunca le dijo a Job por qué estaba sufriendo, pero le dijo que había una buena razón para ello. Le recordó que sabía muy poco sobre el universo y le pidió que confiara en Dios. El libro de Job no trata tanto sobre por qué Dios permite el sufrimiento, sino sobre cómo debemos responder al sufrimiento. Las preguntas que nos debemos plantear son las siguientes:

En primer lugar, «¿Es este sufrimiento consecuencia de mi pecado?». Si lo es, podemos pedir a Dios que nos revele de qué pecado se trata en concreto. Dios nunca nos dejará con un sentimiento vago de culpabilidad. Este tipo de condenación puede venir de Satanás, pero nunca de Dios. Si hay un pecado concreto, necesitamos arrepentirnos y pedir que Dios nos perdone y purifique.

En segundo lugar, debemos preguntar: «¿Qué me quieres decir a través de esto?». Puede haber algo en particular que Dios nos quiera enseñar.

En tercer lugar, necesitamos hacer esta pregunta: «¿Qué quieres que haga?». En cuarto lugar, otros miembros de la iglesia pueden ser de gran ayuda. Buenos amigos cristianos pueden ayudarnos a discernir entre culpa verdadera y culpabilidad falsa, así como a escuchar a Dios. También pueden ser apoyo y aliento para que no nos rindamos a pesar de las circunstancias. Podemos ayudarnos mutuamente a llevar nuestras cargas (Gálatas 6,2).

Además, debemos agarrarnos a nuestra esperanza. Esta vida es siempre una mezcla de lucha y bendición, y en tiempo de lucha, necesitamos recordar que la batalla no durará eternamente y que, a menudo, la bendición está a la vuelta de la esquina. Esté o no lo esté, podemos estar seguros de que un día iremos a vivir con el Señor para siempre. Mientras tanto, tenemos que mantener nuestros ojos fijos en él (Hebreos 12,2), sabiendo que él es más que capaz de compadecerse de nosotros, puesto que ha sufrido mucho más de lo que nosotros podamos llegar a sufrir.

Cuando veamos a otros sufriendo, estamos llamados a mostrar

compasión. En medio de un gran sufrimiento, buscar explicaciones racionales puede ser contraproducente. Incluso si su sufrimiento está causado por su propio pecado, no tenemos ningún derecho de tirarles piedras. Todos somos pecadores, así que hemos de tener mucho cuidado y no juzgar a los demás. No todo el sufrimiento, como hemos visto, está relacionado directamente con el pecado. A menudo, lo mejor que podemos hacer es abrazar a la otra persona y «llorar con los que lloran» (Romanos 12,15).

Hacemos bien si resistimos al sufrimiento porque, como hemos visto, es una intrusión ajena al mundo de Dios. Jesús luchó contra el sufrimiento siempre que se lo encontró. Dio de comer a los hambrientos, sanó a los enfermos y resucitó a los muertos. Entendió su ministerio a la luz de la predicación de la buena nueva a los pobres, la proclamación de la libertad a los cautivos, la restauración de la vista a los ciegos y la liberación de los oprimidos. Estamos llamados a seguir sus pasos.

Finalmente, para resumir, necesitamos volver de nuevo a la cruz de Cristo. Pues es ahí donde empezamos a entender por qué un Dios de amor puede permitir el sufrimiento.

Primero, vemos que los seres humanos abusaron de la libertad que les había dado Dios, cuando eligieron clavar a Jesús en la cruz. Y, sin embargo, Dios se sirvió de ese mismo abuso, permitiendo que Jesús pagara en la cruz el precio de ese pecado y de los pecados de todos los tiempos.

Segundo, vemos que Dios actúa en el sufrimiento. La intención de los que clavaron a Jesús en la cruz era malvada, pero Dios dispuso todo eso para el bien. La cruz es en última instancia una victoria porque contiene la llave de la salvación.

Tercero, vemos que Dios compensa con creces nuestro sufrimiento. Jesús, «quien por el gozo que le esperaba, soportó la cruz» (Hebreos 12,2), vio con anticipación su resurrección y, por consiguiente, nuestra propia resurrección y participación en la eternidad con él.

Cuarto, y más importante aún, vemos que Dios no está ausente en el sufrimiento. Participó en el sufrimiento de la cruz y sufre ahora por nosotros y con nosotros. Así como en la vida de Jesús el sufrimiento no supuso el fin, tampoco tendrá la última palabra en nuestra vida. Al resucitar a Jesús de entre los muertos a la vida eterna, Dios reveló que nada —ni el sufrimiento, ni siquiera la muerte— puede separarnos del amor de Dios y de la vida eterna en él.

Notas

1. John Stott, *La cruz de Cristo* (Ediciones Certeza, 1996), p. 345.
2. C.S. Lewis, *El problema del dolor* (Editorial Universitaria, 1990), p. 27.
3. Ibíd, p. 73.
4. David Watson, *Fear No Evil* (Hodder & Stoughton, 1984), pp. 114-115.
5. *The Times,* 19 de octubre de 1991.
6. C.S. Lewis, *óp. cit.,* pp. 96, 99.
7. Christopher Compston, *Recovering from Divorce* (Hodder & Stoughton, 1993), p. 142.
8. David Watson, *óp. cit.,* pp. 119-120.
9. C.S. Lewis, *óp. cit.,* p. 44.
10. Alister McGrath, *Suffering* (Hodder & Stoughton, 1992), pp. 100.
11. Joni Eareckson Tada, *Joni* (Editorial Vida, 1977).
12. John Stott, *óp. cit.,* p. 372-373.

CAPÍTULO 2

¿QUÉ HAY ACERCA DE OTRAS RELIGIONES?

Se suele tener la impresión de que el cristianismo está muriendo en las sociedades occidentales tradicionalmente cristianas. Se nos ofrecen dos versiones: la primera dice que otras religiones están superando poco a poco al cristianismo. La segunda, cada vez más aceptada, afirma que el mundo occidental se está secularizando con rapidez. En realidad, ambas versiones son parcialmente engañosas.

En el Reino Unido, por ejemplo, solo el 6 por ciento de la población está constituido por miembros de otras religiones. Alrededor del 11 por ciento frecuenta iglesias cristianas, y, probablemente, la mayoría frecuentaría iglesias cristianas si tuviera que escoger a dónde ir.[1]

A escala mundial, el cristianismo es, con diferencia, la «religión» más numerosa. Según el centro de investigaciones Pew Research Center, el cristianismo tiene 2.200 millones de seguidores en todo el mundo, es decir, aproximadamente el 32 por ciento de la población mundial. Hay 1.600 millones de musulmanes, 1000 millones de hinduistas y casi 500 millones de budistas. Hay además otras religiones menos numerosas como el judaísmo, el sijismo, el bahaísmo y las religiones tradicionales o tribales.[2] El ateísmo está representado por solo el 2,5 por ciento de la población mundial.

Aunque el cristianismo sea predominante, necesitamos preguntarnos qué postura tenemos los cristianos respecto a las demás religiones.

Uno de los resultados de la globalización es que la identidad religiosa ha adquirido mayor importancia en el siglo XXI. El catedrático David Ford, de la Universidad de Cambridge, afirma que nuestro mundo es «complejamente religioso y secular». En un mundo así, enseguida surgen preguntas sobre la postura de los cristianos respecto a otras religiones. La sociedad moderna y las tecnologías de la comunicación nos han hecho cada vez más conscientes de las demás religiones. Muchos de nosotros tenemos contactos personales significativos con personas de otras religiones —en el aula, en el barrio, en el trabajo y en otras actividades sociales—. También entramos en contacto a menudo con otras religiones a través de la televisión, la radio, el cine e Internet. ¿Qué podemos decir acerca de las demás religiones?

¿Es Jesús el único camino a Dios?

La respuesta del Nuevo Testamento es un «sí» categórico.

El mismo Jesús dijo: «Yo soy el camino, la verdad y la vida. Nadie llega al Padre sino por mí» (Juan 14,6). Él afirmó ser el camino a Dios; en efecto, el único camino. El difunto columnista Bernard Levin destacó que Jesús usaba un lenguaje inequívoco.

En mi opinión, una religión que afirma seguir la verdad, toda la verdad y nada más que la verdad, debe de pensar, aunque solo sea por un proceso de eliminación, que las demás religiones, a pesar de su santidad y espiritualidad, están equivocadas. Yo no soy nadie para debatir sobre las Escrituras con expertos, pero en esta época de diálogo interreligioso es ciertamente razonable preguntar al cristianismo qué es lo que su fundador quiso decir cuando afirmó: «Nadie llega al Padre sino por mí». No cito estas palabras con ánimo de ofender a nadie, pero a muchos cristianos devotos les preocupan, y muchos obispos, que se muestran abiertos a otras religiones, tendrán dificultades para aceptar tales palabras y para ofrecer una respuesta convincente. Dudo que se pueda obtener dicha respuesta, venga de un obispo o no.[3]

En Hechos 3, Pedro y Juan sanaron a un hombre lisiado de nacimiento a la entrada del Templo, e inmediatamente una gran multitud les rodeó. Pedro proclamó a Jesús como el «autor de la vida» que había sido crucificado, pero que Dios había resucitado y glorificado. Cuando todavía estaban hablando, fueron arrestados y los procesaron preguntándoles «con qué poder» habían sanado al hombre lisiado. Pedro, «lleno del Espíritu Santo», respondió que lo habían hecho «gracias al nombre de Jesucristo de Nazaret» y que «en ningún otro hay salvación, porque no hay bajo el cielo otro nombre dado a los hombres mediante el cual podamos ser salvos» (Hechos 4,12).

Pedro, inspirado por el Espíritu Santo responde sin ambigüedades: Jesús es el único nombre que puede salvar. Su respuesta es coherente con el resto del Nuevo Testamento. S. Pablo es igualmente categórico: «Porque hay un solo Dios y un solo mediador entre Dios y los hombres, Jesucristo hombre» (1 Timoteo 2,5). Asimismo el autor de la carta a los Hebreos, nos advierte de que no hay otras vías de escape si no es por Jesucristo: «¿Cómo escaparemos nosotros si descuidamos una salvación tan grande?» (Hebreos 2,3).

¿En qué sentido se puede considerar a Jesús el único camino a Dios? Los cristianos creemos que Jesús trae la salvación. Jesús viene para franquear la distancia que hay entre la humanidad y Dios, causada en primer lugar por la Caída, y reforzada siempre que el pueblo de Dios se aleja de él en egoísmo y pecado, sin reconocer ni adorar a Dios como el origen de todo lo bueno que nos rodea.

Jesús es el único capaz de franquear el abismo del pecado, en primer lugar, por ser *quien* es. Pedro lo proclamó como el «Santo y Justo» (Hechos 3,14), el «autor de la vida» (v. 15). Él es quien había sido anunciado por los profetas (v. 18). Es el «Mesías» (v. 20). Él es a quien la iglesia primitiva adoró como Dios. Esto lo diferencia de los líderes de las demás grandes religiones. A los musulmanes no les gusta que les llamen mahometanos, puesto que no adoran a Mahoma. «Nadie en el mundo islámico ha soñado otorgar a Mahoma honores divinos. Él mismo habría sido el primero en rechazar esa sugerencia como una blasfemia».[4] No se sabe con certeza si Buda creía en la existencia de Dios como tal, pero lo que sí es cierto es que él no se consideraba un dios.[5]

En segundo lugar, Jesús es único en lo que respecta a su logro, es decir, en cuanto a lo que ha *hecho*. Como ya hemos visto, Pedro declara: «En ningún otro hay salvación, porque no hay bajo el cielo otro nombre dado a los hombres mediante el cual podamos ser salvos» (Hechos 4,12). Todos necesitamos un salvador porque todos hemos pecado y no podemos salvarnos a nosotros mismos del efecto del pecado. Ninguna de las otras grandes religiones afirma siquiera tener un salvador. «El budista inglés, Maurice Walsh, señaló que la visión budista de Buda es muy diferente a la visión cristiana de Cristo». Destacó que a Buda se le reconoce como Maestro —no como Salvador—».[6] Del mismo modo, Mahoma es considerado un profeta, no un salvador. En el Islam, los pecadores se enfrentarán a un juicio sin perdón —la obediencia y rectitud de sus vidas serán comparadas con su pecado—. Por el contrario, Jesús es quien trae la salvación. Nos salva de nuestra culpa, nos salva del poder adictivo del pecado y nos salva del juicio que todos merecemos.

En tercer lugar, Jesús es único en comparación con los líderes de las otras grandes religiones del mundo por su *resurrección*. Pedro lo describió como quien fue «resucitado por Dios» (Hechos 4,10). La resurrección es un acontecimiento único en la historia universal.

El *Canon Pali* del budismo narra la gran entrada de Buda en el nirvana, pero no hay indicación de que Buda fuera a seguir presente en sus seguidores después de su muerte; el *dhamma*, o la 'doctrina', ocupará su lugar y será la guía de sus seguidores. [...] Se conoce la fecha exacta de la muerte del profeta Mahoma. Nadie jamás ha sugerido que sobreviviera a la muerte física.[7]

Por el contrario, la resurrección de Jesús es central a la fe cristiana. Jesucristo está vivo. Podemos conocerlo, y es gracias a esta relación personal viva que la distancia entre Dios y la humanidad, descrita en la Biblia, ha sido franqueada. Para los cristianos, Jesús, el único Hijo de Dios, el único Salvador, el único que ha resucitado de entre los muertos; es el único camino a Dios.

Si Jesús es el único camino a Dios, entonces, automáticamente, surgen otras dos preguntas. La primera es: «¿Cuál es nuestra postura respecto a otras religiones?». Y la segunda: «¿Qué pasa con los que nunca han oído hablar de Jesús?».

¿Cuál es nuestra postura respecto a otras religiones?

El hecho de que Jesús sea el único camino a Dios no quiere decir que sencillamente descartemos las demás religiones como totalmente erróneas, equivocadas o demoníacas. Jesús dijo: «Yo soy la verdad». En él se encuentra la máxima verdad y él es el criterio mediante el cual todas las pretensiones de verdad han de discernirse. Pero eso no quiere decir que no haya fragmentos de la verdad en otras religiones. En efecto, es lógico que esperemos encontrar verdad en otras religiones por, al menos, tres razones.

En primer lugar, aunque la revelación de Dios sobre sí mismo en Jesús, testimoniada en las Escrituras, es única y final, Dios se ha revelado parcialmente en la creación. «Los cielos cuentan la gloria de Dios, el firmamento proclama la obra de sus manos» (Salmos 19,1). La cumbre de su creación es la vida humana. Como dijo el destacado físico y matemático Isaac Newton: «A falta de cualquier otra prueba, el dedo pulgar por sí solo me convencería de la existencia de Dios».

Por consiguiente, el salmista afirma que solo un necio puede decir: «No hay Dios» (Salmos 14,1; 53,1). «Porque desde la creación del mundo las cualidades invisibles de Dios, es decir, su eterno poder y su naturaleza divina, se perciben claramente a través de lo que él creó, de modo que nadie tiene excusa» (Romanos 1,20). A partir de la creación, los hombres y las mujeres pueden encontrar la verdad sobre la existencia de Dios e intuir su naturaleza: su poder y su gloria. Las pruebas que nos proporciona la creación están al alcance de todos, de manera que otras religiones también las han podido captar. Este es el Dios al que llegan todas las religiones monoteístas.

En segundo lugar, los seres humanos están creados a imagen y semejanza de Dios, y Dios nos ha dado una conciencia con la que distinguir el bien del mal. Como Pablo señala: «De hecho, cuando los gentiles, que no tienen la ley, cumplen por naturaleza lo que la ley exige, [...] muestran que llevan escrito en el corazón lo que la ley exige, como lo atestigua su conciencia, pues sus propios pensamientos algunas veces los acusan y otras veces los excusan» (Romanos 2,14-15). Por eso, no es sorprendente que la esencia de la «regla de oro» —«Traten a los demás tal y como quieren que ellos los traten a ustedes» (Mateo 7,12)— esté presente en casi todas las religiones desde Confucio (551-479 a.C.) en adelante.

En tercer lugar, en todos los corazones hay hambre de Dios. Dios «ha puesto también la idea de la eternidad en el corazón» humano (Eclesiastés 3,11).[8] En el fondo, a nadie le satisface el materialismo; sabemos que la vida es más que eso. En el corazón de todos los seres humanos hay un vacío que tiene la forma de Dios. Esta hambre nos induce a la búsqueda de Dios. Esta es una de las explicaciones de por qué hay tan pocos ateos en el mundo y de por qué muchos buscan sinceramente a Dios.

Es por consiguiente comprensible que encontremos el bien en muchas religiones. En efecto, como cristianos, podemos ser cuestionados por aspectos de la vida de miembros de otras religiones, como, por ejemplo, por su compromiso, su devoción o su dedicación a la fe que profesan.

Esto también explica por qué hay a menudo una cierta continuidad para quienes, desde otras tradiciones religiosas, abrazan el cristianismo. El obispo Lesslie Newbigin, obispo en el sur de India durante cuarenta años, hablaba de

> un elemento de continuidad que se confirma en la experiencia de muchos de los conversos al cristianismo de otras religiones. Aunque esta conversión implique una discontinuidad radical, sin embargo permanece después una profunda convicción de que era el Dios vivo y verdadero quien los estaba guiando en los días de su discernimiento precristiano.[9]

Esta convicción se remonta, por lo menos, a San Agustín, cuyas *Confesiones* describen el modo en que el Espíritu Santo le estuvo guiando los años anteriores a su conversión a Cristo.

Con todo, es ilógico afirmar que todas las religiones sean igualmente verdaderas o que todas las religiones lleven a Dios. El teólogo Alister McGrath señala que algunas de las religiones mundiales se declaran no teístas y que «una religión difícilmente puede llevar hasta Dios si niega explícitamente la existencia de cualquier dios».[10] Asimismo, es absurdo sugerir que una religión que afirma la existencia de un ser divino y otra que la niega sean igualmente verdaderas. Dado que hay contradicciones entre las religiones, debe haber error en algún sitio. Es natural que nosotros esperemos encontrar ese error en otras religiones.

Todos somos seres humanos caídos (cristianos y no cristianos) y ninguno de nosotros puede encontrar a Dios por nuestros propios medios. Pero Dios se ha revelado a sí mismo en la persona de Jesús, que es «la verdad». Solo en Jesús encontramos la verdad infalible. Eso no quiere decir que los cristianos sean infalibles. Él es el criterio mediante el cual todas las pretensiones de verdad han de discernirse.

Al poner otras religiones a la luz de la revelación de Dios en Jesucristo, vemos que contienen tanto verdad como error. Puede haber aspectos oscuros en otras religiones y, a veces, la Biblia se opone con fuerza a las prácticas de otras religiones (p. ej. 1 Corintios 10,21). Naturalmente, también puede haber un lado oscuro en la manera en que algunas personas usan el cristianismo para determinados fines, pero no hay lado oscuro en la revelación de Dios en Jesucristo.

Algunos dirían que esa creencia es arrogante, intolerante, intransigente y de poco provecho para el mundo actual. Sin embargo, C.S. Lewis nos recuerda que lo opuesto es lo cierto.

Si eres cristiano no tienes por qué creer que todas las demás religiones están simple y totalmente equivocadas. Si eres ateo debes creer que lo más importante de todas las religiones del mundo es sencillamente un tremendo error. Si eres cristiano, eres libre de pensar que todas estas religiones, incluso las más extrañas, contienen al menos un indicio de verdad. Cuando yo era ateo, tenía que intentar persuadirme a mí mismo de que la mayor parte de la raza humana ha estado siempre equivocada acerca de la cuestión que más le importaba; cuando me hice cristiano pude adoptar un punto de vista más liberal. Pero, naturalmente, ser cristiano significa pensar que allí donde el cristianismo difiere de otras religiones el cristianismo tiene razón y las otras están equivocadas. Como en aritmética, una cuenta sólo tiene un resultado correcto, y todos los demás están equivocados; pero algunos de los resultados equivocados están mucho más cerca de ser el correcto que otros.[11]

¿Qué pasa con los que nunca han oído hablar de Jesús?

Esta es la segunda pregunta que se plantea al oír la afirmación del Nuevo Testamento que asegura que no hay otro camino a Dios. Si solo podemos salvarnos a través de Jesucristo, ¿se condenarán los demás? Si así fuera,

¿no sería injusto? Al explorar este «tema candente» surgen cinco puntos. En primer lugar, la Biblia es un libro práctico, no filosófico. No responde preguntas hipotéticas directamente. Tener en cuenta esta dimensión de la Biblia nos ayudará a explorar muchos «temas candentes» además de este. En efecto, esta pregunta solo puede ser hipotética, puesto que solo puede hacerla quien haya oído hablar de Jesús.

En segundo lugar, podemos estar seguros de que Dios será justo. Cuando Abraham hizo la pregunta retórica: «Tú, que eres el Juez de toda la tierra, ¿no harás justicia?» (Génesis 18,25), esperaba con toda seguridad la respuesta: «Sí, por supuesto que haré justicia». No debemos tener miedo pensando que Dios pueda ser injusto. Será más justo de lo que nosotros podamos ser, no menos. En el día del juicio, todas las personas de recta conciencia dirán respecto al juicio de Dios: «Eso es totalmente justo».

En tercer lugar, lo que sabemos con seguridad es que nadie se salvará por su comportamiento religioso. Es el amor de Dios, que no merecemos, el que nos salva a través de la fe en Jesucristo (Efesios 2,8). Murió por nosotros para que pudiéramos ser perdonados. Recibimos la salvación cuando aceptamos ese don por la fe.

En cuarto lugar, es importante señalar que una persona puede ser salvada por la gracia, a través de la fe, aunque no haya oído hablar de Jesús. «Creyó Abraham a Dios, y esto se le tomó en cuenta como justicia» (Romanos 4,3). Pablo nos dice que David también habla de «la dicha de aquel a quien Dios le atribuye justicia sin la mediación de las obras» (Romanos 4,6). Esto es posible porque la cruz es eficaz para todos los que vivieron antes y después de Jesús. Abraham y David fueron perdonados por lo que Jesús iba a hacer por ellos en la cruz. Ellos no tenían la ventaja que nosotros tenemos de conocer cómo se llevó a cabo ese perdón. Ellos no tenían la seguridad que nosotros tenemos como resultado de saber de «Jesucristo, y de este crucificado» (1 Corintios 2,2). Sin embargo, Pablo nos dice que fueron justificados por la fe.

Asimismo, las personas que vivieron en la época de Jesús o después de esta pueden ser justificadas por la fe, aunque no hayan oído hablar de él. Es lo que nos enseña Jesús en la parábola sobre el fariseo y el recaudador de impuestos. El recaudador de impuestos, que dijo: «¡Oh Dios, ten compasión de mí, que soy pecador!» volvió a su casa justificado ante Dios (Lucas 18,9-14). Sin duda, eso mismo ocurre hoy en día con quien, no habiendo oído hablar de Jesús, haya actuado como el recaudador de impuestos.

> Los elementos esenciales parecerían ser el sentido de pecado o de necesidad, inspirado por Dios, así como un abandono en la misericordia de Dios. Si una persona, en esas circunstancias, posteriormente escucha y conoce el evangelio, creo que estaría entre aquellos con los que uno se encuentra a veces en el campo de misión y que acogen y aceptan enseguida el evangelio diciendo: «Esto es lo que he estado esperando todos estos años. ¿Por qué no viniste a contármelo antes?». Y si esa persona nunca escucha el evangelio aquí en la tierra, supongo que será como si se despertara en la otra vida para adorar a Ese en quien, sin haberlo sabido en su momento, ella había encontrado la misericordia de Dios.[12]

En quinto lugar, como señala John Stott, hay bases bíblicas que nos invitan a ser muy optimistas. La descendencia de Abraham (tanto espiritual como física) «será "como las estrellas del cielo y como la arena del mar" (Génesis 22,17). En un sentido semejante, parecería que Pablo nos asegura que serán muchos más los que se salvan que los que se pierden, porque la obra de Cristo al provocar la salvación será más eficaz que la de Adán al provocar la ruina, y porque la gracia de Dios al proporcionar vida abarcará mucho más que la trasgresión de Adán al provocar la muerte».[13] (Cf. Romanos 5,12-21).

En ese caso, ¿por qué preocuparnos de hablar a los demás de Jesús? Primero, porque la trayectoria que hemos seguido en este capítulo ha comenzado en Jesús y se ha abierto luego al mundo para exponer quién es, qué hizo y qué implica su resurrección. Estamos obligados a proclamar la gloria de Jesucristo. Segundo, porque Jesús nos mandó que fuéramos por todo el mundo para anunciar la buena nueva. Tercero, porque sin saber de Jesús, nadie puede tener la seguridad del perdón y de la vida en abundancia que él ofrece tanto en esta vida como en la futura. Pues Jesús no es solo el camino y la verdad; también es «la vida».

¿Qué debemos hacer?

No tenemos excusa. Nadie que haya leído este capítulo podrá decir: «Nunca he oído hablar de Jesús». Así que nosotros tampoco tenemos ninguna otra vía de escape. Como el autor de la carta a los Hebreos nos advierte: «¿Cómo escaparemos nosotros si descuidamos una salvación tan grande?» (Hebreos 2,3).

Respecto a las demás personas, nuestra tarea es anunciarles la buena nueva de Jesús. Si los primeros cristianos no hubieran estado dispuestos a anunciar la buena nueva de Jesús a quienes ya tenían su propia religión, el cristianismo habría muerto en tan solo una generación.

El cristiano señala al Señor Jesucristo como el único Señor de todos los hombres. [...] La Iglesia no se disculpa por querer que todos los hombres conozcan a Jesucristo y le sigan. Su llamado es precisamente proclamar el evangelio hasta los confines del mundo. No puede hacer ninguna restricción a este respecto. Independientemente del tipo de religión que las personas profesen —alta, baja o primitiva— e independientemente de su código moral —caracterizado por ideales sublimes o por una moral imperfecta—, todos deben tener la oportunidad de escuchar el evangelio.[14]

En primer lugar, ciertamente, tenemos que ser humildes y sensibles. Los cristianos no somos mejores que los miembros de otras religiones o que los que no se identifican con ninguna religión. Todos estamos en el mismo barco: todos necesitamos un salvador y no hay lugar para la arrogancia.

En segundo lugar, debemos ser positivos. En Hechos 4, Pedro no atacó a las otras religiones, sino que predicó la buena nueva de Jesús.

En tercer lugar, hemos de ser respetuosos. Debemos respetar a todas las personas por ser imagen y semejanza de Dios —sean o no cristianas—.

Por último, necesitamos ser valientes. Los primeros cristianos no se avergonzaron de ser testigos de Jesús. Su mensaje era impopular y eso les causó problemas. Pero ellos no cejaron en su empeño. Debemos hacer lo mismo en una época en que la tolerancia, y no la verdad, es lo habitual. Como señalamos al principio, hoy en día vivimos en un mundo caracterizado por una pluralidad de ideas, tanto religiosas como seculares, que compiten entre sí en el mercado de la verdad. No obstante, es importante recordar que «el pluralismo de los dos primeros siglos de la era cristiana ha sido el mayor que el mundo ha conocido tanto en rango como en intensidad». El mundo que Jesús conoció cuando estaba en la tierra también era complejo en cuanto a religión e ideas. Como Michael Green continúa diciendo: «Lejos de cerrarnos opciones, el pluralismo nos permite proclamar un evangelio sin tapujos en la plaza pública y en el supermercado de las religiones, y concede a los demás el mismo derecho. Que la verdad reine y el silencio cobarde desaparezca».[15]

Notas

1. Estadísticas tomadas del Censo Británico de 2011. <http://www.ons. gov.uk/ons/rel/census/2011-census/key-statistics-for-local-authorities-in-england-and-wales/rpt-religion.html>
2. Estadísticas tomadas del estudio realizado en 2012 por el Pew Research Center. <http://www.pewforum.org/2012/12/18/global-religious-landscape-exec/?utm_content=buffer13107&utm_medium=social&utm_source=twitter.com&utm_campaign=buffer>
3. Bernard Levin, artículo en *The Times,* 27 de enero de 1992.
4. Stephen Neill, *The Supremacy of Jesus* (Hodder & Stoughton, 1984), p. 82.
5. John Stott, *El cristiano contemporáneo* (Nueva Creación, 1995), p. 296.
6. John Young, *The Case Against Christ* (Hodder & Stoughton, 1986).
7. Stephen Neill, *óp. cit,* p. 82.
8. Versión tomada de la *Sagrada Biblia* (Editorial Regina, 1966).
9. Lesslie Newbigin, *The Finality of Christ* (John Knox Press, 1969), p. 59.
10. Alister McGrath, *Bridgebuilding* (IVP, 1992), p. 151.
11. C.S. Lewis, *Mero cristianismo* (Ediciones RIALP, 2005), p. 53.
12. J.N.D. Anderson, *Christianity and Comparative Religion* (IVP, 1970), p. 105.

13. John Stott, *óp. cit*, p. 306.
14. Lesslie Newbigin, *óp. cit*, p. 59.
15. Michael Green, *La Iglesia Local. Agente de evangelización* (Eerdmans Publishing Company, 1996).

CAPÍTULO 3

¿HAY CONFLICTO ENTRE CIENCIA Y CRISTIANISMO?

Los medios de comunicación, para quienes cualquier enfrentamiento es noticia, suelen transmitir la idea de que la fe cristiana y la ciencia están en conflicto directo. Un artículo titulado «Dios contra la ciencia», publicado en la revista *Time*, argumentaba que algunos críticos contemporáneos de la religión son

> lo suficientemente radicales como para retomar públicamente un tópico muy antiguo: la idea de que la ciencia y la religión, lejos de ser respuestas complementarias a lo desconocido, están totalmente enfrentadas —o como Paul Bloom, psicólogo en la Universidad de Yale, ha declarado sin rodeos: «La religión y la ciencia siempre estarán en conflicto»—. El mercado parece estar inundado de libros escritos por científicos que describen un combate a muerte entre la ciencia y Dios, en el que la ciencia sale victoriosa o, por lo menos, va minando las verdades subyacentes a la fe.[1]

«¿Están la religión y la ciencia en conflicto permanente?». Esta es la cuestión que este capítulo pretende explorar.

En primer lugar, es cierto que ha habido periodos en la historia del cristianismo en los que la iglesia se ha opuesto a los resultados de la investigación científica. Galileo, el astrónomo italiano del siglo XVII, se encontró con la oposición de la Iglesia Católica a su descubrimiento sobre el giro de los planetas alrededor del Sol. Por ello, fue procesado por el Tribunal de la Inquisición, obligado a retractarse de sus afirmaciones y forzado a pasar los últimos ocho años de su vida bajo arresto domiciliario. La persecución de los científicos no acabó en el siglo XVII. Todavía en 1925, John T. Scopes, un profesor de educación secundaria de Drayton, en Tennessee (EE.UU.), fue procesado por violar la ley del estado al enseñar la teoría de la evolución. Fue declarado culpable y sentenciado a pagar una multa de 100 $. Tras recurrir la sentencia, fue absuelto en virtud de un tecnicismo jurídico que reconocía que se le había multado de forma excesiva.

En segundo lugar, muchos piensan que el conocimiento científico moderno explica todo lo que en el pasado se comprendía mediante la fe en Dios, de modo que esa fe es ahora desechable. Además, se argumenta que los resultados obtenidos por la ciencia moderna están en conflicto directo con las enseñanzas de la Biblia. Algunos dirían, por ejemplo, que la ciencia moderna demuestra que los milagros no existen, mientras que la Biblia está llena de milagros. Otros sostienen que la teoría científica de la evolución progresiva de los humanos y de sus organismos por procesos naturales es inconsistente con el relato de la creación en Génesis 1. El biólogo y filósofo agnóstico inglés T.H. Huxley (1825-1895) afirmó, por ejemplo, que «la teoría de la evolución aceptada sistemáticamente hace imposible creer en la Biblia». El científico de la Universidad de Oxford, Richard Dawkins, llega a una conclusión parecida en un capítulo sobre el darwinismo, donde sostiene que, «casi con toda seguridad, Dios no existe».[2]

En este capítulo quiero fijarme en cómo la ciencia y la fe cristiana se relacionan entre sí y analizar, más detenidamente, si hay conflicto entre «los resultados obtenidos por la ciencia moderna» y la fe cristiana.

La ciencia y la fe cristiana no son incompatibles

La visión judeocristiana del mundo proporcionó el ambiente adecuado para que surgiera la ciencia moderna. En primer lugar, la fe cristiana es monoteísta. La creencia en un solo Dios hizo que la gente confiara en una uniformidad en la naturaleza, y las leyes de la naturaleza reforzaban ese concepto en el tiempo y en el espacio. Un universo caprichoso e irregular no podría ser objeto de un estudio sistemático.

En segundo lugar, la doctrina cristiana de la creación por un Dios racional y fuente del orden, hizo que los científicos confiaran en un mundo ordenado e inteligible. Los científicos del siglo XVI sostenían que el universo era ordenado y digno de investigación porque era la obra de un creador inteligente. «Los hombres se hicieron científicos porque confiaban en una ley de la naturaleza, y confiaban en una ley de la naturaleza porque creían en un Legislador».[3]

En tercer lugar, la fe cristiana en un Dios trascendental, separado de la naturaleza, implicó la justificación de la experimentación. Esto no habría ocurrido en sistemas religiosos en los que la materia fuera considerada divina. Tampoco habría sido prudente experimentar si se creyera, como algunos pensaban, que la materia era esencialmente mala. La visión cristiana del mundo defendía que la materia era buena, pero no era Dios. Por tanto, la doctrina cristiana de la creación «proporcionó una matriz esencial para el nacimiento de la obra científica».[4]

Que la fe cristiana proporcionó un terreno fértil para la experimentación científica es algo ampliamente reconocido por científicos, historiadores y filósofos. El Dr. Peter Hodgson, físico británico de la Universidad de Oxford, escribe: «El cristianismo proporcionó una serie de creencias necesarias para la existencia de la ciencia y un clima moral que alentó su crecimiento».[5] El historiador Herbert Butterfield afirmó: «La ciencia es un niño de pensamiento cristiano». El filósofo John MacMurray lo planteó de esta manera: «La ciencia es el hijo legítimo de un gran movimiento religioso, y su genealogía se remonta a Jesús».[6]

Algunos de los más grandes científicos eran cristianos

Es bien sabido que durante gran parte de la historia, el cristianismo y la investigación científica han sido aliados y no adversarios.

Nicolás Copérnico (1473-1543) sentó las bases de la astronomía moderna y de la revolución científica al sugerir, a partir de las matemáticas, que la

Tierra giraba alrededor del Sol. Copérnico fue canónigo de la catedral católica de Frombork, en Polonia, y describió a Dios como «el mejor y más perfecto de los artistas».

El matemático, físico y astrónomo Galileo Galilei (1564-1642) fue el fundador de la mecánica moderna y de la física experimental. Él argumentaba que la Tierra no era el centro del universo. Aunque fue perseguido por la iglesia, siempre fue un católico devoto y dijo en una ocasión: «Hay dos grandes libros, el libro de la naturaleza y el libro de lo sobrenatural, la Biblia».

El fundador de la óptica moderna fue el brillante astrónomo y matemático Johannes Kepler (1571-1630), conocido especialmente por sus tres leyes sobre el movimiento de los planetas. Era un luterano muy fervoroso y aseguró que «pensaba los pensamientos de Dios después de él».

Quizá el científico más grande de todos los tiempos haya sido Isaac Newton (1642-1727). Ciertamente, estaba dotado de una de las mentes científicas más sobresalientes de la historia. Es muy conocido por su definición de las leyes de la gravedad. También fue un experto en óptica, astronomía, cálculo diferencial y llevó a cabo el primer análisis correcto de la luz blanca. Él creía en la inspiración divina de las Escrituras y escribió libros tanto teológicos como científicos, considerando los primeros más importantes. Sostenía que ninguna ciencia estaba mejor fundamentada que la religión de la Biblia.

Michael Faraday (1791-1867) fue uno de los científicos más importantes del siglo XIX. Descubrió la inducción electromagnética y fue el primero en generar corriente eléctrica a partir de un campo magnético. Inventó el primer motor eléctrico y la primera dinamo. Una vez más, la fe cristiana fue lo que más influyó en él.

Lo mismo ocurre con muchos otros científicos pioneros en diferentes ámbitos. Joseph Lister aplicó por primera vez el uso de antisépticos en las intervenciones quirúrgicas. Louis Pasteur inventó la técnica de la pasteurización. Gregor Mendel ayudó a establecer las bases de la genética. Lord Kelvin fue uno de los científicos que más hizo por llevar la física a su forma moderna. James Clerk Maxwell formuló la teoría electromagnética. Todos estos destacados científicos eran cristianos.

El catedrático James Simpson sentó las bases de la cirugía indolora a través del uso de productos anestésicos. Una vez, le preguntaron: «¿Cuál cree que ha sido el descubrimiento más importante de su vida?». Él respondió: «El descubrimiento más importante de mi vida ocurrió cuando descubrí a Jesucristo».

En la actualidad, hay un gran número de científicos que se declaran públicamente cristianos. La asociación Christians in Science, por ejemplo, tiene más de mil miembros.[7] Parece ser que los números no están disminuyendo: «En 1916, se llevó a cabo una encuesta en la que se preguntaba a biólogos, físicos y matemáticos si creían en un Dios que se comunica activamente con la humanidad y a quien uno puede orar con la confianza de obtener respuesta. El 40% aproximadamente respondió afirmativamente». Casi cien años más tarde, en 1997, la misma encuesta concluyó que el porcentaje era casi idéntico. Según un estudio dirigido en 2009 por el centro de investigaciones Pew Research Center más del 50 por ciento de los científicos estadounidenses cree en Dios, mientras que el 40 por ciento no cree».[8]

Uno de los científicos más destacados de nuestra generación es el Rev. Dr. John Polkinghorne KBE FRS,[9] antiguo catedrático de Física Matemática, decano y capellán de Trinity Hall y antiguo presidente de Queen's College, en la Universidad de Cambridge. En 2002 fue galardonado con el prestigioso Premio Templeton. Polkinghorne escribió:

El creyente puede aprender de la ciencia cómo es en realidad el mundo físico en su estructura y en su prolongada historia evolutiva. Esto limita lo que la religión puede decir cuando habla de ese mundo como creación de Dios. Él es ciertamente un Dios paciente, que actúa mediante procesos y no a través de magia. El científico puede recibir de la religión una comprensión más profunda de la que se pueda obtener exclusivamente de la ciencia. La profunda inteligibilidad matemática del mundo físico (indicio de la Mente que en él subyace) y su precisa fecundidad (expresión de la intención divina) son reflejos que indican que el mundo físico es una creación.[10]

Podríamos también mencionar figuras prominentes de la actualidad científica como John Houghton FRS CBE,[11] un destacado científico británico que fue copresidente del comité de trabajo del Grupo Intergubernamental de Expertos sobre el Cambio Climático durante catorce años. En 2007, Houghton compartió el Premio Nobel de la Paz con el antiguo vicepresidente estadounidense Al Gore. También fue catedrático de Física de la Atmósfera en la Universidad de Oxford, antiguo Director Ejecutivo del Servicio Meteorológico Nacional del Reino Unido y es miembro fundador de la Sociedad Internacional para la Ciencia y la Religión.

Otro ejemplo es Francis Collins, cuya conversión al cristianismo describiré en el capítulo 7. Como director del Proyecto Genoma Humano, coordinó un equipo de más de 2.000 científicos que colaboraron para determinar las tres mil millones de letras del genoma humano —algo así como el manual de instrucciones de nuestro ADN—. Necesitaríamos treinta y un años para leer todas esas letras en alto. Esa información está dentro de cada una de las 1.100 billones de células que tiene nuestro cuerpo. Cada genoma contiene suficiente información como para llenar una biblioteca de aproximadamente 5.000 libros. Si todos los cromosomas de una sola persona se extendieran en el suelo, uno detrás de otro, tendrían una longitud de 160.000 millones de kilómetros. Solo nuestro cerebro tiene mil millones de neuronas. Como coordinador del proyecto de investigación de este gran misterio, Collins opina que hay «una armonía enormemente satisfactoria entre las visiones científica y espiritual del mundo». También ha dicho: «Soy científico y creyente, y no encuentro conflicto entre esas visiones del mundo».[12]

La ciencia y las Escrituras no se contradicen mutuamente

Es probablemente cierto que hay más desacuerdo y aparentes contradicciones dentro de la misma ciencia que entre la ciencia y la fe cristiana. Sin embargo, a menudo se piensa que hay varios conflictos entre la ciencia y la teología.

Uno de estos supuestos conflictos corresponde al ámbito de los milagros.[13] Spinoza (1632-1677), filósofo neerlandés de origen judío y máximo exponente del racionalismo del siglo XVII, declaró que no hay nada que pueda «violar las leyes universales de la naturaleza». Él creía en el determinismo mecanicista de la naturaleza. El filósofo David Hume escribió que «un milagro es la violación de las leyes de la naturaleza».[14] Por consiguiente, rechazó los milagros, sugiriendo que eran imposibles. Sin embargo este es un argumento viciado. Si las leyes de la naturaleza se definen como totalmente uniformes, entonces lo sobrenatural queda descartado desde el principio y es por tanto imposible creer en milagros, por muy evidentes que sean las pruebas.

Sin embargo, muchos han advertido este conflicto entre la Biblia y la ciencia. En 1937, el distinguido físico alemán Max Planck dijo: «La fe en los milagros debe ceder terreno, paso a paso, ante el continuo y firme avance de las fuerzas de la ciencia, y su derrota total será sin duda un simple asunto de tiempo».[15] Planck insinuaba que la ciencia explica ahora lo que antiguamente se consideraba milagroso, lo que implicaría que los que creían en los milagros en el pasado lo hacían porque no entendían suficientemente las leyes de la naturaleza. Eso no es así. En la época de Jesús todos sabían tan bien como nosotros que, por ejemplo, no es «natural» que una virgen quede encinta o que alguien resucite de entre los muertos. Si no hubieran tenido conocimiento de las leyes de la naturaleza, no habrían reconocido ningún tipo de milagro. Como el famoso novelista y catedrático inglés C.S. Lewis afirmó: «La creencia en los milagros, lejos de provenir de la ignorancia de las leyes de la naturaleza, solo es posible en la medida en que estas leyes son conocidas».[16]

La cuestión principal es: «¿Existe Dios?». Si existe, entonces los milagros son una posibilidad real. Si Dios es Dios, entonces él creó la materia, la razón, el tiempo, el espacio y las leyes científicas y tiene, por consiguiente, la libertad de interferir. Si Dios no existe, entonces los milagros son un problema. Pero la filosofía y la ciencia por sí solas jamás darán respuesta a esa cuestión principal. Las leyes científicas no son leyes como las de la matemática pura, es decir, inquebrantables, sino que son descriptivas. Como John Stott declaró: «No estoy sugiriendo que los milagros sean un fundamento adecuado para el teísmo. Pero, una vez que hemos sentado otras bases para creer en Dios, [...] es lógico afirmar la posibilidad de los milagros y sería ilógico negarla, puesto que las "leyes naturales" describen la actividad de Dios, pero no la controlan».[17]

¿Hay conflicto entre la creación y la evolución?

El segundo ámbito donde supuestamente hay conflicto es en la teoría de la evolución en contraposición con el relato bíblico de la creación. ¿Se trata de un conflicto irreconciliable?

La primera observación que hay que hacer es que gran parte de la teoría de la evolución es todavía una teoría. Es necesario distinguir entre microevolución y macroevolución. La microevolución (de la que no se podría decir que está en conflicto con la Biblia) se refiere a la variación y el desarrollo interno de las especies. El caballo, por ejemplo, ha aumentado en tamaño y se ha ido desarrollando de modos diferentes a lo largo del tiempo. Este tipo de evolución ha sido ampliamente investigada y hay pruebas abrumadoras sobre ella.

La macroevolución, por otro lado, se refiere a la evolución de una especie en otra nueva. El ejemplo más claro es la teoría de la existencia de un antepasado común para simios y humanos. A menudo esto se percibe como un hecho, pero todavía no ha sido demostrado y permanece como una teoría que no es aceptada por todos los científicos.[18] Es importante destacar la provisionalidad de todas las teorías científicas. El ejemplo más significativo de la época moderna es la física newtoniana, tratada con el máximo respeto y considerada virtualmente incontestable hasta que Einstein y otros científicos demostraron que sus leyes eran inaplicables en los fenómenos físicos a escalas microscópicas (donde la mecánica cuántica es relevante) o a grandes velocidades (donde entra en juego la teoría de la relatividad). Diferentes versiones de la teoría de la evolución se enseñan hoy en día en las escuelas como si fueran resultados indiscutibles de la ciencia moderna. Sin embargo, no considerar una teoría científica como algo provisional es poco científico.

El segundo punto importante es que hay muchas interpretaciones diferentes sobre Génesis 1 sostenidas por cristianos sinceros. Algunos creen que la creación duró literalmente seis días. La Sociedad de Investigación de la Creación (Creation Research Society) fue creada en Míchigan, EE.UU., en 1963 y formada inicialmente por 10 científicos. Su membresía es limitada a científicos con al menos un graduado universitario en ciencias naturales o aplicadas. Hoy en día tiene cientos de miembros. Ellos creen que todos los seres vivos fueron creados mediante actos directos de Dios durante la semana de la creación. Los cambios biológicos que hayan podido ocurrir desde entonces, solo han sido internos a cada especie creada.

Otros cristianos interpretan Génesis 1 de una forma diferente. Señalan que la palabra hebrea para «día» (yom) tiene muchos significados diferentes, incluso dentro de las Escrituras. Como el Sol no fue creado hasta el cuarto día, el autor probablemente no se refería a días de veinticuatro horas. La palabra «yom» puede significar un largo periodo de tiempo. Visto desde esta perspectiva, el relato de la creación no entra en conflicto con la extendida visión científica de la enorme edad del universo ni está en conflicto con una evolución paulatina en la que Dios no solo inició el proceso, sino que también actuó en él para producir un sistema que culminó en la vida humana. Estos cristianos destacan que el orden cronológico que sigue Génesis 1 comienza con la creación de las plantas, luego de los animales y por último de los seres humanos, de un modo probablemente similar al que proponen hoy en día las teorías evolucionistas.

Algunos sugieren además que Génesis 1 consiste en información transmitida a intervalos («Y dijo Dios...»). Esta transmisión de información tiene lugar en un breve periodo de tiempo, pero la ejecución de esa información tarda mucho más. Estos cristianos sostienen que esa explicación encaja muy bien en la teoría del *Big Bang*, según la cual lo fundamental tuvo lugar en los primeros minutos.

Muchos cristianos leen Génesis 1 como si fuera un relato poético que no hace referencia necesariamente a acontecimientos cronológicos de la historia. Es un relato sobre la creación, precientífico y sin intenciones científicas, que trata temas ajenos al ámbito científico. El lenguaje poético puede ser verdadero sin ser literalmente cierto. Cuando el salmista escribió: «El Señor afirmó el mundo, para que no se mueva»[19] (Salmos 93,1), estaba usando una imagen poética. Pero los oponentes de Galileo lo interpretaron literalmente y argumentaron que la Tierra no se movía y que las teorías de que la Tierra giraba alrededor del Sol estaban equivocadas. Este grupo de cristianos que se aproxima al relato de la creación desde una perspectiva poética sostiene que los primeros capítulos del Génesis no deberían interpretarse literalmente. Dicen que hay pruebas suficientes que fundamentan la macroevolución y que la gran mayoría de los científicos aceptan hoy esa teoría argumentando que las pruebas fósiles contradicen la interpretación literal del relato del Génesis. Los que adoptan esta postura afirman que lo importante es que Dios creó y sostiene las leyes de la física y la naturaleza, y que la naturaleza ha evolucionado en el tiempo, culminando en la vida humana.

Cualquiera que sea la posición que uno tome, está claro que no hay necesariamente conflicto entre la ciencia y las Escrituras. Teniendo en cuenta la diferencia de opiniones entre cristianos sinceros y la incertidumbre resultante, creo que no es prudente ser demasiado dogmático sobre este tema (sobre todo si, como yo, no eres ni científico ni teólogo).

La intención fundamental de Génesis 1 no es responder a las preguntas «¿cómo?» ni «¿cuándo?» —que son preguntas científicas—, sino a las preguntas «¿por qué?» y «¿quién?» —que son preguntas teológicas—. La Biblia no es fundamentalmente un libro científico, sino teológico. Más que una explicación científica, ofrece una explicación personal. La explicación científica ni prueba ni desmiente la explicación personal, sino que la complementa. Incluso Stephen Hawking, posiblemente el científico más brillante de su generación, ha admitido que «aunque la ciencia pueda resolver el problema del comienzo del universo, no es capaz de responder a la pregunta: ¿Por qué se molestó el universo en existir?».[20]

Dr. John Lennox utiliza la siguiente ilustración:

Imaginemos que mi tía Matilde ha preparado un delicioso pastel y que invita a analizarlo a un grupo de científicos de renombre mundial. El experto en nutrición nos informará del contenido en calorías del pastel y su efecto nutritivo; el bioquímico nos hablará de las proteínas, las grasas, etc. del pastel; el químico estudiará la estructura atómica y molecular de estos componentes; el físico analizará el pastel en términos de sus partículas fundamentales y el matemático propondrá elegantes ecuaciones que describan el comportamiento de esas partículas. Una vez que estos expertos, cada uno en términos de su propia disciplina científica, nos hayan proporcionado una descripción exhaustiva del pastel, ¿podemos decir que el pastel ha quedado completamente explicado? Evidentemente dispondremos de una buena descripción de la naturaleza del pastel y de cómo se relacionan entre sí sus diversos constituyentes; pero supongamos que ahora planteo al grupo de expertos una última pregunta: ¿Por qué fue hecho el pastel? La sonrisa en el rostro de la tía Matilde demuestra que conoce la respuesta: ella hizo el pastel y lo hizo con un propósito. En cambio, el experto en nutrición, el bioquímico, el físico y el matemático juntos no son capaces de responder a esa pregunta. Sus ciencias, que son excelentes para determinar la naturaleza y estructura del pastel (es decir, para responder a las preguntas sobre el «cómo»), no pueden responder a las preguntas relacionadas con el «por qué» del pastel. En realidad, la única manera de conseguir la respuesta es que la tía Matilde nos la revele. Y, si no nos la revela, no habrá análisis científico que pueda arrojar luz sobre sus intenciones.[21]

El Dr. John Lennox afirma que «ningún tipo de análisis científico sobre el planeta en el que vivimos nos dirá por qué fue hecho, a no ser que el Creador decida revelarlo. Lo maravilloso es que ya ha hablado, y lo que ha dicho se llama Génesis».

No hay, por consiguiente, un conflicto necesario entre la evolución, que intenta describir el mecanismo de la creación, y el Génesis, que describe el significado de la creación.

La ciencia y las Escrituras se complementan mutuamente

Dios se ha revelado en la creación y, sobre todo, en Jesucristo, como atestiguan las Escrituras. La ciencia es el estudio de la revelación general de Dios en la creación. La teología bíblica es el estudio de la revelación «especial» de Dios en Jesús y en las Escrituras.

El salmista habla de esta revelación general en el mundo natural:

Los cielos cuentan la gloria de Dios, el firmamento proclama la obra de sus manos. Un día comparte al otro la noticia, una noche a la otra se lo hace saber. Sin palabras, sin lenguaje, sin una voz perceptible, por toda la tierra resuena su eco, ¡sus palabras llegan hasta los confines del mundo! (Salmos 19,1-4a).

El apóstol Pablo hace una afirmación semejante: «Porque desde la creación del mundo las cualidades invisibles de Dios, es decir, su eterno poder y su naturaleza divina, se perciben claramente a través de lo que él creó, de modo que nadie tiene excusa» (Romanos 1,20; ver también Hechos 14,17; 17,22-28).

Algunos han argumentado, como fue el caso de William Paley en el siglo XVIII, que la existencia de Dios podría demostrarse a partir de la «teología natural», es decir, a partir de la revelación general de Dios en la creación.

Quizá eso sea ir demasiado lejos. Lo que sí se puede decir es que un Dios creador ha hecho un mundo en el que hay muchos indicios que sugieren la presencia de «algo más de lo que se ve a simple vista», y que no lo ha dejado sin la impronta de su carácter.

Hay dos argumentos principales en este sentido. El primero sostiene que como todo tiene una causa, debe haber una causa primera. La versión popular de este argumento es la historia sobre el orador de Hyde Park, en Londres, que, en su discurso, empezó a atacar la fe en Dios. Según él: «El mundo empezó a existir él solo». Mientras hablaba, le tiraron un tomate maduro. «¿Quién me lo ha tirado?», preguntó enfadado. Una voz de entre la multitud respondió: «Nadie te lo ha tirado; se ha tirado él solo».

Este argumento no es una prueba, pero es una pista. Es más fácil creer que Dios creó algo de la nada que creer que nada creó algo de la nada. Al final de su vida, Charles Darwin escribió sobre

> la imposibilidad de concebir este inmenso y maravilloso universo, incluido el hombre, como resultado del ciego azar o de la necesidad. Cuando reflexiono sobre esto, me siento obligado a volverme hacia una primera causa dotada de una mente inteligente y análoga, en cierta medida, a la del hombre; y merezco, por tanto, ser llamado teísta.[22]

El segundo argumento se basa en la evidencia de propósito. De nuevo, este argumento no es una prueba, sino una pista importante.

El catedrático Chandra Wickramasinghe, de origen budista, ha dicho que «las posibilidades de que la vida surgiera espontáneamente en la tierra son tan poco probables como que la entrada de un tifón en un depósito de chatarra construyera un Boeing 747».[23]

El tema del propósito ha ocupado recientemente el primer plano como resultado del «principio antrópico». Las limitaciones físicas de la naturaleza están tan bien armonizadas que si fueran ligeramente diferentes no existiríamos.

> En la expansión inicial del universo tiene que haber un ajustado equilibrio entre la energía expansiva (que separa la materia entre sí) y la fuerza de la gravedad (que hace que la materia se atraiga). Si dominara la expansión,

la materia se dispersaría con demasiada rapidez como para que su condensación diera lugar a galaxias y estrellas. Nada interesante podría ocurrir en un mundo tan enormemente disperso. Por otro lado, si dominara la gravedad, el mundo se contraería de nuevo sobre sí mismo antes de que hubiera tiempo para que los procesos de la vida se desarrollaran. Para nuestra existencia es necesario que, desde el primer intervalo temporal de la historia del universo (es decir, desde la primera unidad del tiempo de Planck: 10^{-43} seg), haya habido un equilibrio entre los efectos de la expansión y contracción que solo varíe en un punto sobre 10^{60}. Quien tenga conocimientos básicos de aritmética se maravillará ante este grado de precisión. Para quien no los tenga, utilizaré un ejemplo de Paul Davies[24] que ilustra esta precisión. Afirma que eso equivaldría a apuntar a un objeto de 2,5 cm de anchura situado al otro lado del universo observable, es decir, a una distancia de 20.000 millones de años luz, ¡y dar en el blanco![25]

A este respecto, Stephen Hawking afirma lo siguiente:

Si la densidad del universo un segundo después del *Big Bang* hubiera sido superior en una billonésima parte, el universo se habría contraído al cabo de diez años. Por otro lado, si la densidad del universo de entonces hubiese sido inferior en la misma cantidad, el universo se hallaría esencialmente vacío desde que cumplió los diez años. ¿Cómo es que se eligió tan minuciosamente la densidad del universo? Quizá haya alguna razón para que tenga exactamente la densidad crítica.[26]

Aunque Stephen Hawking no cree en un Dios creador, su propia teoría parecería apuntar en esa dirección.

Además, no es solo la vida en sí la que tendría que explicarse, sino también la vida inteligente, la mente humana, la estructura racional del mundo, la belleza, el amor humano, la amistad y la justicia. Todas estas son dimensiones de la realidad que van más allá de las leyes químicas y biológicas. ¿Podría ser todo eso simplemente el resultado del ciego azar y la selección natural sin una mente inteligente que subyaga al proceso?

Los descubrimientos de la ciencia pueden indicar la existencia de Dios. La revelación general sugiere el enorme poder, inteligencia e imaginación de un creador personal. Pero sin la revelación especial de Jesucristo, atestiguada por las Escrituras, sabríamos poco sobre ese creador.

Albert Einstein, escribiendo desde una perspectiva judía, dijo: «No puede haber un conflicto legítimo entre religión y ciencia. La ciencia sin la religión está coja, y la religión sin la ciencia, ciega». La ciencia sin la religión está coja por varias razones. En primer lugar, no podemos encontrar al Dios de la Biblia únicamente a través de la ciencia. «Para desconsuelo de las personas de mentalidad científica, no se puede descubrir ni demostrar la existencia de Dios mediante medios puramente científicos. Pero eso no prueba nada en realidad; simplemente indica que se están utilizando los instrumentos equivocados en esa tarea».[27] Necesitamos la revelación especial de Dios así como su revelación general. Los primeros seis versículos del salmo 19 hablan de la revelación general de Dios. Los versículos siguientes hablan de la revelación especial de Dios a través de su ley. Solo mediante su revelación especial podemos encontrar al «Dios y Padre de nuestro Señor Jesucristo».

En segundo lugar, la ciencia es incapaz de dar respuesta a las necesidades más profundas de los seres humanos. Lewis Wolpert, en un artículo publicado en The Times, afirmó: «Los científicos sin religión —o cualquier otra persona no creyente— tienen que enfrentarse a un mundo que no tiene propósito, en el que el tormento o la alegría carecen de significado, y aceptar que cuando morimos desaparecemos y que no hay nada después de la muerte».[28] La ciencia no tiene nada que decir respecto a estos niveles profundos de la experiencia humana. No puede tratar el problema de la soledad, o de corazones destrozados por el dolor. La ciencia es incapaz de resolver los dilemas morales de la humanidad. No tiene remedio para el problema del pecado sin perdón y la culpa. Solo en la cruz de Cristo encontramos la respuesta a estos problemas.

La novelista y autora de best sellers, Susan Howatch, tenía casas en varios países y conducía un Porsche y un Mercedes. Después de la ruptura de su matrimonio, Dios la «agarró del pescuezo», según sus propias palabras, y acabó abrazando el cristianismo. Hace poco, donó un millón de libras a la Universidad de Cambridge para financiar una cátedra de Teología y Ciencias Naturales, después de haber llegado a la conclusión de que la ciencia y la teología son «dos aspectos de la verdad». Necesitamos la ciencia y a los científicos. Nuestra civilización debe muchísimo a su trabajo. Pero, más aún, necesitamos el cristianismo; necesitamos a Jesucristo.

NOTAS

1. «God vs. Science», *Time*, 5 de noviembre de 2006.
2. Richard Dawkins, *El espejismo de Dios* (Grupo Planeta, 2010).
3. C.S. Lewis, *Los milagros* (Rayo, 2006), p. 168.
4. John Polkinghorne, *One World* (SPCK, 1986), p. 1.
5. Cita tomada de William Oddie (ed.), *After the Deluge* (SPCK, 1987), p. 118.
6. John MacMurray, *Reason and Emotion* (Faber, 1961), p. 172.
7. N. del T.: Christians in Science es una red internacional creada en el Reino Unido y formada por cristianos interesados en la relación entre ciencia y cristianismo. Para más información, ver <cis.org.uk/about-cis>
8. *Los Angeles Times*, 24 de noviembre de 2009. <http://articles.latimes.com/2009/nov/24/opinion/la-oe-masci24-2009nov24>
9. N. del T.: John Polkinghorne es Caballero Comendador de la Excelentísima Orden del Reino Británico (KBE) y miembro de la Real Sociedad de Londres para el Avance de la Ciencia Natural (FRS).
10. John Polkinghorne, artículo en *The Daily Telegraph*, 24 de agosto de 1992.
11. N. del T.: John Houghton es Comendador de la Excelentísima Orden del Reino Británico (CBE) y miembro de la Real Sociedad de Londres para el Avance de la Ciencia Natural (FRS).
12. «Collins: Why this scientist believes in God», *CNN*, 6 de abril de 2007. <http://edition.cnn.com/2007/US/04/03/collins.commentary/index.html>
13. El término «milagro» se ha utilizado a menudo de manera muy general para describir, por ejemplo, respuestas sorprendentes a la oración. Es útil distinguir la «providencia», es decir, la dirección de Dios en la naturaleza, la humanidad y la historia, de los «milagros», definidos con exactitud por David Atkinson en *The Wings of Refuge* (IVP, 1983), p. 13. Según su definición, los milagros son acontecimientos «irrepetibles y contrarios a las leyes demostrables de la naturaleza»,

como por ejemplo, caminar sobre el agua, resucitar a los muertos o multiplicar alimentos.

14. David Hume, *Investigación sobre el conocimiento humano* (Alianza Editorial, 1988), p. 139.

15. Max Planck, *Autobiografía científica y últimos escritos* (Nova Libros y Ediciones, 2000).

16. C.S. Lewis, *óp. cit.*, p. 79.

17. John Stott, *Essentials* (Hodder & Stoughton, 1988), p. 221.

18. El Dr. James Moore ha señalado que, contrariamente a la opinión generalizada, no fueron tanto los teólogos quienes se opusieron a Darwin, sino los científicos: «Fueron pocos teólogos y muchos científicos los que descartaron el darwinismo y la evolución» (Michael Poole, *Ciencia y fe,* CCS, 1995).

19. Versión tomada de *Dios habla hoy* (Sociedades Bíblicas Unidas, 1983).

20. Stephen Hawking, *Agujeros negros y pequeños universos y otros ensayos* (Editorial Planeta Mexicana, 1994).

21. John C. Lennox, *¿Ha enterrado la ciencia a Dios?* (Publicaciones Andamio, 2003), p. 29.

22. Charles Darwin, citado en Francis S. Collins, *El lenguaje de Dios. Un científico presenta evidencias para creer* (Planeta México, 2007).

23. «Threats on Life of Controversial Astronomer», *New Scientist,* 21 January 1982, p. 140; citado en: Dean L. Overman, *A Case Against Accident and Self-Organization* (Rowman & Littlefield Publishers, Inc., 2001).

24. El físico británico Paul Davies, autor de *Dios y la nueva física,* entre otras obras, es uno de los autores científicos más populares en la actualidad. Se muestra bastante indiferente hacia el cristianismo tradicional.

25. John Polkinghorne, *One World* (SPCK, 1986), p. 57.

26. Stephen Hawking, *óp. cit.*

27. J.B. Phillips, *Gathered Gold* (Evangelical Press, 1984).

28. *The Times,* 10 de abril de 1993.

CAPÍTULO 4

¿QUÉ HAY ACERCA DE LA «NUEVA ESPIRITUALIDAD»?

En la mayoría de las librerías o páginas web de venta de libros hay una sección titulada «Mente, Cuerpo y Espíritu» o «Religión y Espiritualidad» que contiene libros que ofrecen una gran variedad de respuestas contemporáneas a preguntas sobre nuestra identidad, sobre cómo cambiar y vivir más plenamente, y sobre Dios y el ámbito de lo divino.

Algunos abordan estas preguntas desde el eclecticismo, es decir, agrupando sentencias e intuiciones de pensadores respetados de diferentes épocas y de varias tradiciones religiosas —o de ninguna—, para ofrecer a la gente la orientación o la respuesta que más se adapte a sus circunstancias concretas.

Otros invitan a la gente a seguir un determinado camino, sea el de la «Nueva Era», el de una psicología popular concreta, el de un proceso de autoayuda determinado o el de un conjunto de ideas tomadas del budismo y otras espiritualidades orientales. Algunas de estas ideas son bastante nuevas, mientras que otras son más antiguas o pertenecen a movimientos ya existentes que están recuperando popularidad. Todos estos elementos constituyen lo que denominamos, de forma general, la «nueva espiritualidad».

Según las estadísticas disponibles, en 1999 se vendieron en EE.UU. más de 92 millones de libros de la sección «Mente, Cuerpo y Espíritu», lo que correspondió al 9 por ciento de las ventas totales de libros. El 34 por ciento de esos libros tenía títulos atrayentes, el 28 por ciento estaba relacionado con dietas alimenticias, el 16 por ciento correspondía a libros de psicología y el 13 por ciento a libros de la Nueva Era.

El secreto, de Rhonda Byrne, un manifiesto sobre el «pensamiento positivo», publicado en 2006, se mantuvo como número uno de la lista de *best sellers* del *New York Times* durante 146 semanas consecutivas. El reciente libro de Eckhart Tolle, *El poder del ahora. Un camino hacia la realización espiritual*, estuvo 1.986 días entre los cien libros más vendidos por Amazon.

Todo esto nos proporciona otra prueba de que la gente, en todo el mundo, está buscando caminos en los que encontrar más sentido a la vida. En una encuesta realizada en Europa en el año 2005, el 74 por ciento de la gente respondió que pensaba en el sentido de la vida «a veces» o «a menudo», y más de dos tercios de ese grupo respondió que no creía en un Dios «convencional», sino más bien en algún tipo de fuerza vital o espiritual.[1] Por otro lado, en EE.UU., el número de personas que se consideran no creyentes aumentó más del doble entre 2001 y 2008, mientras que el número de los que se consideran «espiritualistas» se disparó de 116.000 personas en 2001 a 420.000 en 2008.[2]

Desde mi punto de vista, como cristiano residente en el mundo occidental, considero que vivimos en una época extraordinaria y muy cambiante. Vivimos en medio de una revolución del pensamiento y de la visión del mundo. Al mismo tiempo, mientras la perspectiva científica del mundo está calando cada vez más en la conciencia popular, la limitación de lo que podríamos llamar el marco conceptual de la Ilustración y su visión del mundo está quedando al descubierto.

En épocas anteriores a la Ilustración, la razón se percibía como un instrumento de comprensión, pero estaba subordinada a la verdad revelada del cristianismo, que se consideraba totalmente sobrenatural. Los siglos XVII y XVIII supusieron un giro en el pensamiento europeo, que se define generalmente como Ilustración. La razón, considerada previamente como un instrumento útil, pasó a considerarse como el poder por el que se puede comprender el universo y mejorar la condición humana. La Ilustración supuso un progreso enorme en la ciencia, la tecnología y la medicina, pero dentro de sí llevaba la semilla de su propia destrucción. La revelación se hizo objeto de la razón.

Este giro tendría implicaciones enormes en la actitud de la gente hacia el cristianismo. Sin embargo, la mayoría de la gente en el siglo XVIII apenas se vio afectada por esas discusiones filosóficas. La secularización de la sociedad occidental ocurrió realmente a lo largo del siglo XIX, aunque la época victoriana todavía permaneció profundamente influida por el pensamiento cristiano.

Finalmente, en el siglo XX, los efectos de la Ilustración empezaron a percibirse en su totalidad. Como la revelación era objeto de la razón, los milagros descritos en las Escrituras y el concepto tradicional de Dios empezaron a explicarse racionalmente. La fe de la sociedad empezó a erosionarse. Los frutos de las semillas sembradas en los siglos precedentes quedaron claramente expuestos a la luz.

Hoy en día, muchos cuestionan las suposiciones de la Ilustración. Ya no nos podemos describir como una sociedad secular, puesto que vivimos en la época más religiosa de las últimas generaciones. Es también una época de una «nueva espiritualidad». Desmarcándose de ese giro en el pensamiento, muchos se están resistiendo al racionalismo. Eso pone en evidencia el vacío y las deficiencias propias del racionalismo y del materialismo. La «nueva espiritualidad» enfatiza la experiencia y valora la espiritualidad, pero va aún más allá.

¿Qué es la «nueva espiritualidad»?

El obispo Graham Cray ha descrito la cultura occidental como un «popurrí cultural». La «nueva espiritualidad» es un término muy amplio que incluye movimientos diferentes y dispares y que abriga una selección aparentemente ilimitada de creencias y estilos de vida inconexos. Algunas personas siguen un camino concreto, otras van seleccionando de aquí y allí lo que les parece más adecuado. Es casi imposible definir la «nueva espiritualidad» porque tiene muchísimas variedades. No tiene líder, ni organización, ni estructura, ni sede. Es una corriente, un movimiento descentralizado con una gran diversidad de componentes. Caryl Matrisciana, basada en los muchos años en los que participó en la Nueva Era, describe este movimiento, a modo de receta, como si fuera un pastel:

2 tazas de esperanza (después de haber colado cuidadosamente todo el miedo);

2 tazas de alteración de la conciencia (yoga, drogas o meditación a su gusto);

3 cucharadas soperas de autoconciencia, otras 3 de autosuperación y otras 3 de autoestima (asegúrese de que no quedan grumos de negatividad);

1 cucharadita bien llena de paz;

1 chorrito abundante de amor;

1 pizca generosa de humanismo, otra de misticismo oriental y otra de ocultismo;

1 puñado de holismo;

1 porción de experiencia mística.

Mezclar todo abundantemente. Hornear en un ambiente cálido y amigable. Rellenar con los sueños más atractivos. Decorar generosamente con pensamientos positivos y buenas vibraciones.[3]

A primera vista, algunos componentes de la «nueva espiritualidad» parecen buenos o inofensivos. Esta «nueva espiritualidad» suele venir disfrazada de programas de autoayuda, medicina holística y un interés por la paz en el mundo, la ecología y la iluminación espiritual. Ciertamente, algunos de estos elementos, como la insistencia en una nutrición equilibrada, la abstinencia en el consumo de drogas y el respeto por la creación, encuentran un aliado en el cristianismo. Sin embargo, no es oro todo lo que reluce. Como nos advierte Pablo: «Satanás mismo se disfraza de ángel de luz» (2 Corintios 11,14).

En primer lugar, la «nueva espiritualidad» consiste a menudo en una mezcla de misticismo oriental y otras prácticas, con un toque de materialismo occidental. Las doctrinas hinduistas y budistas son adaptadas al mundo occidental. Una sarta de gurúes se dedica a mezclar conceptos orientales con la sed occidental de realización personal, expresión e iluminación. Se ofrecen muchos cursos sobre el karma y el zen.

En segundo lugar, en la «nueva espiritualidad» se observa una influencia de las religiones naturales del mundo, incluidas las creencias tradicionales de los indios americanos y la brujería moderna o Wicca.

En tercer lugar, también hay una serie de prácticas que pertenecen claramente a las ciencias ocultas. La astrología, los horóscopos, la adivinación, la clarividencia, el contacto con los muertos, el espiritismo, los médiums, los «espíritus guía» y las cartas del tarot son aspectos bastante extendidos. La Biblia condena este tipo de prácticas: «Nadie entre los tuyos deberá sacrificar a su hijo o hija en el fuego; ni practicar adivinación, brujería o hechicería; ni hacer conjuros, servir de médium espiritista o consultar a los muertos. Cualquiera que practique estas costumbres se hará abominable al Señor» (Deuteronomio 18,10-12). Estas advertencias se reiteran en otros pasajes de la Biblia (Levítico 19,26.31; Gálatas 5,20; Apocalipsis 9,20-21).

La influencia de este movimiento ha sido muy notable, especialmente entre los famosos. Entre otras muchas prácticas, la cábala es una disciplina que fascina a mucha gente. Eitan Yardeni, que ha instruido personalmente a famosos como Madonna, Demi Moore y Roseanne Bar, sugirió en una entrevista que este tipo de prácticas ayuda a los famosos a aceptar mejor su estrellato:

> La cábala enseña que cuanto más tiene una persona, más necesita trabajar en sí misma y en todas y cada una de sus áreas [...]. El poder que implica tener muchas posesiones viene acompañado de un desafío mayor: un trabajo enorme para mantenerse humilde en esas circunstancias. Tener tanto es una lucha [...]. Los famosos, al menos los que son sinceros consigo mismos y están abiertos a un trabajo espiritual, reconocen que la fama no es suficiente. La prueba es darse cuenta de que el *glamour* transitorio, el éxito temporal y la fama pasajera no son el verdadero poder. Si uno deja que el poder le controle, se convertirá en un desgraciado. Esa es la verdad.[4]

¿Cuáles son las creencias de la «nueva espiritualidad»?

La «nueva espiritualidad» es diversa y dispar, y esto hace que sea difícil resumir sus creencias. Se podría decir, en general, que uno de sus ideales es que la persona permanezca conectada a la energía de la creación. La «espiritualidad», en este caso, no implica necesariamente un contexto religioso, sino que se percibe como ser lo que uno es. Estas corrientes de pensamiento son consecuencia de una visión del mundo que el difunto teólogo John Stott describe en lo que él llama «tres breves sentencias»: «todo es Dios», «todo es uno» y «todo está bien».[5] La primera sentencia, «todo es Dios», es generalmente conocida como panteísmo. Dios está en todo. Está despersonalizado. Es una energía impersonal, una fuerza creadora. Hay una fuerza divina que fluye por toda la creación: los árboles, los animales, las rocas y las personas. En muchas corrientes de pensamiento de la «nueva espiritualidad» no hay distinción entre el creador y lo creado. La Tierra es divina, así como las estrellas y los demás planetas. Esto lleva en ocasiones a un regreso a la adoración pagana de la Madre Tierra y a la creencia de que las estrellas, los planetas e incluso los cristales («cristaloterapia») tienen poder e influencia.

En el movimiento de la Nueva Era, no hay Dios fuera de su creación. Dios está en cada uno de nosotros, y cada uno de nosotros es parte de Dios. La destacada actriz Shirley MacLaine, defensora de la Nueva Era, afirma que «todos somos Dios. Todos». En la misma línea, Eckhart Tolle escribe:

La identificación con su mente crea una pantalla opaca de conceptos, etiquetas, imágenes, palabras, juicios y definiciones que bloquea toda relación verdadera. Se interpone entre usted y su propio yo, entre usted y su prójimo, entre usted y la naturaleza, entre usted y Dios. Es esta pantalla de pensamiento la que crea la ilusión de la separación, la ilusión de que existe usted y un «otro» totalmente separado. Entonces olvida el hecho esencial de que, bajo el nivel de las apariencias físicas y de las formas separadas, usted es uno con todo lo que es.[6]

El modo de encontrar a Dios es buscarlo dentro de uno mismo. De ahí que el título de uno de los libros de Shirley MacLaine sea *Dentro de mí*. Swami Muktananda dice: «Arrodíllate ante tu propio ser. Hónralo y adóralo. Dios habita dentro de ti como tu propio ser». En una entrevista realizada por Michael Parkinson y televisada en el Reino Unido, el novelista y guionista de comedias, Ben Elton, comentó: «Creo que está bastante aceptado que vivimos en una época posterior a la fe [...], pero la gente todavía necesita fe y la encuentra de maneras muy diversas. Es bien sabido que Dios hizo al hombre a su imagen, pero ahora creo que hacemos a Dios a imagen del hombre. La gente escoge una religión: "el Dios de mi elección"».

Escoger nuestro propio Dios de ese modo quizá resulte muy atractivo, pero, en el fondo, no puede satisfacer la «necesidad» de la que habla Elton. El escritor G.K. Chesterton subrayó ese problema en 1908 en su libro *Ortodoxia*: «De todas las formas de iluminación concebibles, la peor es la que esa gente llama Luz Interior. De todas las religiones horrendas, la más horrible es la que adora al dios interior. [...] Que Juan adore al dios interior, resulta finalmente en que Juan adora a Juan».[7] La humanidad ha caído una vez más en la tentación primigenia: «Llegarán a ser como Dios» (Génesis 3,5).

Aunque se habla mucho de la compasión y el amor, el movimiento de la «nueva espiritualidad» invita a menudo a la persona a centrarse en sí misma. El punto de salida hacia el cambio es el desarrollo de uno mismo, aunque quizá tenga como objetivo a largo plazo ayudar a los demás. La adoración de uno mismo se manifiesta en libros y cursos sobre autorealización, autoayuda, autoconfianza, autosuperación y autoestima. El objetivo más alto es encontrar la propia felicidad, satisfacción y éxito. Encontrarse a uno mismo es encontrar a Dios.

Esto, por supuesto, es un asalto explícito a la negación de uno mismo que está en el centro del cristianismo. Es lo contrario al Nuevo Testamento, donde el camino hacia la realización es amar y servir a un Dios personal y amar y servir a los demás. El camino hacia la plenitud no es la adoración de uno mismo, sino la negación a uno mismo, ejemplificada de manera suprema en la vida, muerte y resurrección de Jesucristo.

«Soy Dios, ¿de acuerdo?».

La segunda sentencia, «todo es uno», recibe el nombre técnico de «monismo». La «nueva espiritualidad» es esencialmente sincrética. Trata de reconciliar opuestos y proponer una síntesis de todas las religiones. Al hacer eso, rechaza gran parte de la ortodoxia cristiana, percibida como rígida, estructurada y de estrechez de miras.

Los absolutos morales a menudo se rechazan: el «pecado» no es una palabra popular en el mundo de la «nueva espiritualidad», que piensa que nuestro problema no es el pecado, sino la ignorancia de nuestro ser verdadero y de nuestro verdadero potencial. Ese problema se resuelve mediante la iluminación, la revelación espiritual y el adoctrinamiento. Para algunos, no hay un criterio objetivo para distinguir el bien del mal. Como lo expresó un guía espiritual de India hablando con la escritora y periodista Caryl Matrisciana: «La cuestión no es ser bueno o malo [...]. Eso es relativo. Son dos caras de la misma moneda, partes del mismo todo».[8]

En el mismo sentido, Carl Frederick escribió: «Tú mismo eres el ser Supremo [...]. No hay nada bueno o malo».[9] La filosofía de Shirley MacLaine puede resumirse en esta frase: «Si te hace sentir bien, hazlo». La Nueva Era ofrece una atrayente espiritualidad sin el coste del arrepentimiento. A veces se describe como «valores *hippy* para un estilo de vida moderno».

La orientación espiritual es interna. John W. Travis y Regina Sara Ryan escriben en el *Libro completo de salud y bienestar*:

> Si el amor es tan natural como respirar, comer, trabajar y jugar, también lo es como practicar el sexo. Si el amor se convierte en nuestro «sistema de apoyo vital», entonces todas las decisiones que tomemos, incluidas las sexuales, estarán guiadas por el amor. Y así escogeremos tener relaciones sexuales unos con otros si eso aumenta nuestra experiencia de unificación con todo lo que es.[10]

Como nuestro problema no es el pecado, sino la ignorancia, no puede haber juicio. En oposición a la visión cristiana, según la cual «está establecido que los seres humanos mueran una sola vez, y después venga el juicio» (Hebreos 9,27), algunos adoptan la creencia de la reencarnación. La reencarnación no siempre se enseña como justicia cósmica, en la que se nos evaluará dependiendo de nuestro grado de bondad o maldad. Por el contrario, aparentemente todos estamos progresando hacia la perfección e iluminación espiritual completas. Aquí se cae, de nuevo, en el engaño de Satanás: «¡No es cierto, no van a morir!» (Génesis 3,4).

El monismo, («todo es uno») se lleva a extremos incluso mayores en algunas partes de la espiritualidad, en las que no se hace distinción entre Dios y Satanás. Como «todo es uno», el mismo diablo es adorado.

La tercera sentencia con la que John Stott resume la nueva espiritualidad es «todo está bien». En esta sentencia cabrían las muchas y variadas esperanzas ofrecidas por las nuevas espiritualidades sobre una vida mejor y un futuro más brillante para el mundo. La solución a muchos de los problemas más complejos del mundo son supuestamente soluciones «espirituales». El humorista y escritor británico Russell Brand escribió en *The Guardian*, después de los disturbios del año 2011 en el Reino Unido:

Los jóvenes no tienen sentido de comunidad porque nadie les ha transmitido ninguno. No tienen ningún interés en la sociedad [...]. No entiendo lo suficiente de política como para proponer una solución, y en mis manos hay dinero ensangrentado por representar intereses empresariales a través del cine, la televisión y los anuncios publicitarios, así como por venerar, mediante mi aprobación y fama, un estilo de vida y ciertos productos que contribuyen a la alienación de una clase marginada cada vez más insatisfecha. Pero sé, como todos sabemos intuitivamente, que la solución está a nuestro alcance, y no es una solución política, sino espiritual. Gandhi dijo: «Sé tú el cambio que quieres ver en el mundo».[11]

Una vez más, los cristianos podemos encontrar un aliado en esta esperanza de cambio «espiritual» respecto a los temas más difíciles a los que la sociedad se enfrenta hoy en día, pero por razones diferentes. Para algunos esta esperanza es enormemente expansiva, e incluye un nuevo orden mundial y una nueva religión mundial.

Jesús nos previno sobre afirmaciones de ese tipo:

Porque surgirán falsos Cristos y falsos profetas que harán grandes señales y milagros para engañar, de ser posible, aun a los elegidos. Fíjense que lo he dicho a ustedes de antemano.

Por eso, si les dicen: «¡Miren que está en el desierto!», no salgan; o: «¡Miren que está en la casa!», no lo crean. Porque así como el relámpago que sale del oriente se ve hasta en el occidente, así será la venida del Hijo del hombre (Mateo 24,24-27).

¿Qué hay de malo en la «nueva espiritualidad»?

La «nueva espiritualidad» está en lo correcto al desafiar el materialismo y el racionalismo reinantes en nuestra época. Es bueno subrayar la importancia de la experiencia y valorar la espiritualidad. Es acertado hacer énfasis en la compasión, el amor y la unidad. Millones de personas que participan en la «nueva espiritualidad» están bien encaminados en el sentido de que están buscando una realidad espiritual. Con todo, estos aspectos se quedan muy cortos si los comparamos con las verdades del cristianismo.

Nosotros, en la iglesia, a menudo somos culpables de haber presentado una forma del cristianismo jerarquizada, estructurada y estrecha de miras. Podemos identificarnos con David Icke cuando escribió: «Siento que la Iglesia tradicional ha decepcionado enormemente al mundo con su dogma y rigidez»,[12] o con Oprah Winfrey cuando señala que la religión puede quedar reducida a mera doctrina sin espiritualidad.[13]

El remedio no es rechazar el cristianismo, sino recobrar lo que está en el centro de la fe cristiana. Cuando lo hacemos, vemos lo corto que se queda el movimiento de la «nueva espiritualidad» en comparación con la verdad gloriosa del Dios Trinitario de la ortodoxia cristiana.

En primer lugar, la postura de la «nueva espiritualidad» se queda lejos de la verdad sobre Dios Padre. Dios no es una fuerza impersonal y abstracta, sino el creador personal y trascendental de todo el universo. Y, sin embargo, es inmanente. Quiere relacionarse con los seres humanos. Podemos hablar con él, y él nos habla. Es un Padre que nos ama y estamos llamados a responder amándolo a él y a nuestro prójimo. Estas son las verdades gloriosas en las que se asienta nuestra cultura cristiana. La «nueva espiritualidad» nos llevaría de nuevo al paganismo, y Pablo nos previene contra aquellos que «cambiaron la verdad de Dios por la mentira, adorando y sirviendo a los seres creados antes que al Creador» (Romanos 1,25).

Fuimos creados para vivir en una relación caracterizada por el amor y la adoración a Dios. En palabras de San Agustín: «Nos hiciste para ti, Señor, y nuestro corazón anda desasosegado hasta que descanse en ti».[14] Por eso hay desasosiego en la «nueva espiritualidad». Hay una búsqueda continua de una paz ilusoria. Shirley MacLaine escribe: «Cuando pregunto a la gente qué quiere para sí misma y para el mundo, la respuesta es casi siempre la misma: paz».[15] Lamentablemente, es fácil que esa búsqueda continua pueda salir mal. Una mujer de nuestra iglesia que participó en la Nueva Era durante aproximadamente tres años me habló de sus sensaciones iniciales de crecimiento personal y de libertad para «romper las reglas». Pero pronto se dio cuenta de que se sentía aprisionada.

Me sentía como un cordero llevado al matadero. Era como estar drogada. Buscaba constantemente experiencias cada vez mayores. Asistí a gran cantidad de cursos muy caros. Me sentía como si estuviera perdiendo el juicio. Eso me dejó atascada en un lugar desconocido, desde el que no es posible relacionarse con el mundo. Me alejó de todo lo que es bueno y transmite vida. No sabía cuándo iba a ser sanada.

Finalmente, encontró plenitud, paz y sanación en su relación con Dios Padre, único capaz de transmitir la paz auténtica y duradera.

En segundo lugar, la «nueva espiritualidad» se queda lejos de la verdad sobre Dios Hijo. A Jesús se le percibe como un «maestro ascendido», junto a Buda, Krishna y otros. Abundan nuevas versiones, con elementos extraordinarios, de los relatos evangélicos del Nuevo Testamento. Shirley MacLaine ha afirmado incluso que Jesús era miembro de los esenios, cuyos «valores, enseñanzas, principios, y prioridades en la vida eran muy semejantes a los de la Nueva Era actual [...]. Cristo hizo demostraciones de lo que hoy denominamos precognición [...], levitación, telepatía y sanación esotérica».[16]

David Icke sostiene que entre los doce y los treinta años «Jesús viajó ampliamente a países como India, Grecia, Turquía, Egipto, Francia e Inglaterra [...]. En una ocasión tuvo que sanarse a sí mismo después de haber contraído la tuberculosis». Según Icke, todos sus discípulos fueron «devas planetarios». Después de la muerte de Jesús en la cruz, algunos «amigos enterraron su cuerpo en un sótano sin que jamás se haya encontrado».[17] Por muy ingeniosas que parezcan estas sugerencias, no hay ninguna prueba histórica que las sostenga en absoluto.

El caso más extremo es el de Osho (Bhagwan Shree Rajneesh), que compró un pueblo en EE.UU. y fundó allí su propio «ashram» o monasterio hinduista, donde sus discípulos occidentales recibieron una terapia iluminadora que promovía el sexo, las drogas y la violencia. Los beneficios netos de Osho se materializaron en un garaje con 93 Rolls Royces. Jesús era rico, pero por nuestro bien se hizo pobre para enriquecernos. Osho era pobre, pero se hizo rico y, en ese proceso, empobreció a mucha gente.

Al intentar adaptar a Jesús a la «nueva espiritualidad», sus adherentes se olvidan de la gloriosa verdad de Jesucristo: que él es «el camino, la verdad y la vida» (Juan 14,6). Él era, y es, Dios hecho hombre para nuestra salvación. En su gran amor, Jesús murió en la cruz por nosotros para liberarnos de la culpa, de la adicción, del miedo y de la muerte. Así hizo posible el perdón, restaurando nuestra amistad con Dios y ofreciéndonos la experiencia de su amor y el poder para cambiar.

De este modo, Dios nos libera para amar y servir a los demás, y para identificarnos más con Jesús. Todo esto está en el núcleo del concepto bíblico de salvación. Esta salvación no es algo que podamos ganar o conseguir nosotros solos; es un don gratuito de Dios. La única salvación en la «nueva espiritualidad» es la «autosalvación», y el único perdón, el «autoperdón». En *Un curso de milagros*[18] —libro de referencia y lectura diaria para muchos de los seguidores de la Nueva Era— la lección 70 del bloque de ejercicios se titula «Mi salvación procede de mí». En él se insta a que el lector repita: «Mi salvación procede de mí. No puede proceder de ninguna otra parte». Por el contrario, el Nuevo Testamento afirma que Jesús es el único camino de salvación (Hechos 4,12). La «nueva espiritualidad» se pierde esta maravillosa noticia.

También se pierde la buena nueva de la resurrección de Jesús. El sacerdote anglicano Michael Green escribe:

Nuestro destino no es pasar por muchas reencarnaciones purgativas hasta que lo negativo de nuestra vida haya desaparecido, sino, después de la muerte, participar en la vida de la resurrección, cuya primicia es Jesús resucitado. «Partir [es] estar con Cristo, que es muchísimo mejor». «Cuando Cristo venga seremos semejantes a él, porque lo veremos tal como él es». Esta es la convicción de los que lo conocían. ¿Algo imposible de creer? No me refiero a la reencarnación, basada en el karma, sino a la resurrección, basada en la cruz y la resurrección de Jesús, que nos conduce a nuestro perdón y nuestro destino. Es una visión del mundo totalmente distinta que nos insta a tomar una decisión y a escoger.[19]

En tercer lugar, la «nueva espiritualidad» se queda lejos de la verdad sobre Dios Espíritu Santo. En la «nueva espiritualidad» vemos una búsqueda del poder espiritual, de la experiencia espiritual y de la transformación de la vida. No hay mayor poder espiritual que el poder del Espíritu Santo, ni mayor experiencia espiritual que la plenitud del Espíritu Santo, ni poder más eficaz para transformar vidas que el del Espíritu Santo.

Una mujer me contó en una ocasión que había probado el budismo, el zen, el hinduismo, la meditación trascendental, el esoterismo y otras prácticas similares. Hasta que un día leyó el libro de Jackie Pullinger, *Chasing the Dragon*, que describe su trabajo entre los drogadictos, en Hong Kong. Decidió ir allí para ver con sus propios ojos cómo la gente quedaba liberada y sanada por el poder del Espíritu Santo. Vio la nueva vida, el amor, la alegría y la paz que el Espíritu Santo transmitía a toda esa gente. Le pregunté qué diferencia había entre eso y lo que ella había experimentado en la Nueva Era. Me respondió que había visto auténtico poder en ambos casos, pero añadió: «Uno de esos poderes, el de la Nueva Era, significaba desentenderse de la sociedad, mientras que el poder del Espíritu Santo significaba volver a implicarse en la sociedad para mejorar la vida de la gente».

Es interesante observar que en una época de gran efusión del poder y los dones del Espíritu Santo en la iglesia universal (que comenzó a finales del siglo XIX) estemos siendo testigos de lo que parece ser una falsificación satánica de ese poder (que comenzó poco después). Pero Satanás no puede falsificar la santidad. El Espíritu Santo transforma a los cristianos en la imagen de Jesucristo (2 Corintios 3,18). «El fruto del Espíritu es amor, alegría, paz, paciencia, amabilidad, bondad, fidelidad, humildad y dominio propio» (Gálatas 5,22-23).

¿Qué debemos hacer?

En primer lugar, se necesita un doble arrepentimiento. Por un lado, si hemos participado, de algún modo, en prácticas de la «nueva espiritualidad», consciente o inconscientemente, necesitamos reconocer que son erróneas, pedir a Dios que nos perdone y apartarnos de todo eso. Necesitamos poner nuestra mirada en Jesucristo, que murió en la cruz para que pudiéramos ser perdonados. Necesitamos pedir al Espíritu Santo que venga sobre nosotros y habite en nuestro corazón.

Por otro lado, los que desempeñemos algún papel en la iglesia, necesitamos arrepentirnos de nuestra rigidez, racionalismo y fracaso a la hora de hacer que la iglesia sea relevante para la cultura en la que vivimos. También debemos reconocer los aspectos en los que la nueva espiritualidad ha desafiado con razón nuestros prejuicios. El interés en la medicina holística, por ejemplo, nos recuerda que el verdadero concepto cristiano del ser humano no se basa en una distinción dualista entre cuerpo y alma, sino en la unidad.

En segundo lugar, necesitamos empaparnos de la verdad. Pablo nos advierte: «Cuídense de que nadie los cautive con [...] vana y engañosa filosofía» (Colosenses 2,8). Y, de nuevo, en la segunda carta a Timoteo:

> Porque llegará el tiempo en que no van a tolerar la sana doctrina, sino que, llevados de sus propios deseos, se rodearán de maestros que les digan las novelerías que quieren oír. Dejarán de escuchar la verdad y se volverán a los mitos. Tú, por el contrario, sé prudente en todas las circunstancias, soporta los sufrimientos, dedícate a la evangelización; cumple con los deberes de tu ministerio (2 Timoteo 4, 3-5).

No necesitamos leer muchos libros sobre «nueva espiritualidad». La mejor forma para descubrir las falsificaciones es conocer realmente bien lo que es verdadero. Caryl Matrisciana usa una analogía muy útil:

> —Mi madre lleva trabajando más de un año en un banco —me dijo mi amigo Chris—. Está recibiendo una formación buenísima.
>
> —¿Qué quieres decir?
>
> —Está aprendiendo muchísimo sobre el dinero.

—¡Supongo que tendrá que saber mucho sobre el dinero si trabaja en un banco! —Le dije riéndome.

Chris sonrió. —Quiero decir que está aprendiendo muchísimo sobre los billetes. La están enseñando a conocer el color de cada billete, su tamaño e incluso sus filigranas. También le están mostrando todos los detalles relacionados con la tinta y el papel.

—¿Y cómo la enseñan?

—Bueno, hacen que trabaje continuamente con billetes. Le indican todos los detalles que quieren que recuerde. Creen que cuanto más maneje los billetes, los sienta, los cuente y los ordene, más se familiarizará con ellos.

—Ya entiendo... Pero, ¿para qué sirve todo eso?

—Para lo que te voy a contar ahora. Ayer le taparon los ojos y pusieron dos billetes falsos en una bolsa llena de billetes. ¡Y los reconoció al tacto!

—Así que también está estudiando billetes falsos, ¿no?

—No, y eso es lo interesante. La gente del banco sabe que no es necesario estudiar los billetes falsos.

—Ya veo. Pero parece que se están complicando mucho la vida, ¿no?

—En realidad no. Los bancos saben que los billetes falsos están cada vez más perfeccionados. Está totalmente demostrado que *si el cajero de un banco conoce los billetes auténticos extremadamente bien, no le pueden engañar con billetes falsos.*[20]

«¡Ya lo tengo!».

En tercer lugar, necesitamos llevar la buena nueva de Jesús a los que de algún modo participan en la «nueva espiritualidad». En el fondo, es gente que está buscando la verdad. Admiten que el materialismo no les satisface. Reconocen los límites de la razón. Buscan una experiencia espiritual. Debemos demostrar con nuestra vida el poder sobrenatural de Dios: Padre, Hijo y Espíritu Santo.

NOTAS

1. Comisión Europea, *Social Values, Science and Technology Report*, 2005. <http://ec.europa.eu/public_opinion/archives/ebs/ebs_225_report_en.pdf>

2. Estadísticas del Censo de EE.UU. de 2008. <http://www.census.gov/compendia/statab/2012/tables/12s0075.pdf>

3. Caryl Matrisciana, *Gods of the New Age* (Marshall Pickering, 1985), p. 15.

4. «Our Lady of Malawi», *New York Mag*, 1 de mayo de 2011. <http://nymag.com/print/?/news/features/madonna-malawi-2011-5/>

5. John Stott, «Conflicting Gospels», *CEN*, 8 de diciembre de 1989, p. 6.

6. Eckhart Tolle, *El poder del ahora. Un camino hacia la realización espiritual* (Random House Mondadori, 2012).

7. G.K. Chesterton, *Ortodoxia* (Editorial Porrúa, 1998), p. 44.

8. Caryl Matrisciana, *óp. cit.*, p. 81.

9. Carl Frederick, *Est: Playing the Game the New Way* (Synergy International of the Americas, 2003).

10. John W. Travis y Regina Sara Ryan, *Libro completo de salud y bienestar* (Gaia Ediciones, 1999).

11. Russell Brand, «Big Brother isn't watching you» , *The Guardian,* 11 de agosto de 2011.

12. Davide Icke, *The Truth Vibrations* (The Aquarian Press, HarperCollins, 1991),
p. 20.

13. Ver <http://www.oprah.com/omagazine/A-New-Earth-What-I-Know-for-Sure-by-Oprah-Winfrey>

14. San Agustín, *Confesiones*, Libro primero, Capítulo primero, Invocación.

15. Shirley MacLaine, *Dentro de mí* (Plaza & Janés, 1996).

16. Ibíd.

17. David Icke, *óp. cit.*, pp. 115–117.

18. Foundation for Inner Peace, *Un curso de milagros* (Foundation for Inner Peace, 2008).

19. Michael Green, *El amanecer de la Nueva Era* (Clie, 1994).

20. Caryl Matrisciana, *óp. cit.*, p. 220.

CAPÍTULO 5

¿ES LA RELIGIÓN MÁS PERJUDICIAL QUE BENEFICIOSA?

En la iglesia HTB, en Londres, oramos por varios grupos de nuestra comunidad que trabajan en diferentes sectores. Recuerdo una vez en la que nos reunimos para orar por los que trabajan en la política, el gobierno y la vida pública británica. En el grupo había cuatro Miembros del Parlamento, dos oficiales de alto rango de la policía, muchos otros que trabajaban en la policía, en el Ministerio de Asuntos Exteriores y en los servicios administrativos del Estado. Hablando con estas personas, después de la oración, me di cuenta de que estos cristianos estaban preocupados por su lugar en la vida pública contemporánea. Un trabajador de los servicios administrativos me contó que uno de sus colegas, un hombre en un puesto de responsabilidad, era miembro activo de la Asociación Humanista Británica. Según él, los creyentes deberían ser apartados de los servicios administrativos, puesto que sus decisiones y opiniones podrían verse afectadas negativamente por sus creencias. Este hombre había sido transferido a la sección de Recursos Humanos para la selección de personal.

Mucha gente siente una antipatía similar hacia la presencia de aspectos de fe en organismos públicos, como escuelas y universidades, o en diversas áreas profesionales. Algunas personas han reconocido que en el desempeño de sus responsabilidades en los ámbitos de educación, justicia y medicina —responsabilidades asociadas en cierto modo a influencia, asistencia o vulnerabilidad—, viven algunas situaciones en las que es enormemente complicado ser cristiano hoy en día.

Tobias Jones, en un artículo en *The Guardian*, escribió: «Hasta hace algunos años, la religión se parecía a las drogas blandas: se cerraba un ojo al uso privado, pero ¡ay del que fuera descubierto traficando!».[1] Esa actitud está cambiando. Ya no se asume que la iglesia sea algo bueno —un beneficio para la sociedad—, independientemente de que los demás compartan o no la fe de esa iglesia. Quizá por primera vez desde el emperador Constantino (272-337 d.C.), el cristianismo en occidente está en una situación comprometida.

«Tengo 30 gramos de Nuevo Testamento, si te interesa».

Uno de los documentales de Richard Dawkins sobre la religión se titula *La raíz de todo mal*. En él, este destacado ateo sugiere que, en vez de hacer mejor a la gente o de hacer algo positivo para la sociedad, «la fe es uno de los grandes males del mundo», y describe al Dios de la Biblia como un «monstruo malvado». No es el único con ese parecer. Peter Watson, autor de un libro reciente sobre la historia de los descubrimientos e inventos, fue entrevistado por el *New York Times*. En la entrevista le preguntaron cuál había sido el peor invento de la humanidad. Él respondió: «Sin duda, el monoteísmo ético [...]. Este ha sido responsable de la mayoría de las guerras y fanatismo en la historia».[2] ¿Cómo responden los cristianos a la acusación de que la religión es más perjudicial que beneficiosa para la sociedad?

En primer lugar, los cristianos hemos de reconocer que las acciones que se han llevado a cabo en nombre de Jesús han causado a veces un sufrimiento considerable. Las Cruzadas de la Edad Media y las guerras religiosas del siglo XVI en Europa son solo dos ejemplos de épocas en las que el celo religioso ha hecho mucho daño a mucha gente. Pero el daño causado por algunos grupos de cristianos en algunos periodos de la historia no nos debería llevar a considerar todo el cristianismo como intrínsecamente dañino para la sociedad. Aunque esos actos se llevaron a cabo en el nombre de Cristo, cabe preguntarse si estaban en línea con las enseñanzas del mismo Cristo. La respuesta es un rotundo «no». Cristo enseñó a sus seguidores a volver la otra mejilla (Lucas 6,29), y cuando estalló el conflicto entre sus seguidores y sus opositores, puso fin a la lucha e incluso sanó al enemigo herido (Lucas 22,51). Sus acciones no estaban en línea con las de Cristo.

El destacado científico Francis Collins admite que, en lo que respecta al «comportamiento hipócrita de los que profesan alguna fe [...], necesitamos tener en cuenta que el agua pura de la verdad espiritual se lleva en esos oxidados recipientes llamados seres humanos».[3]

El Dios de la Biblia

Quienes critican la religión hoy en día no son los primeros en sugerir que el Dios de la Biblia sea un «monstruo malvado». En 1795, Thomas Paine escribió en *La edad de la razón*:

> Cuando leemos [...] las ejecuciones crueles y enrevesadas y la sed implacable de venganza que llenan más de la mitad de la Biblia, sería más coherente que la llamáramos la palabra de un demonio que la palabra de Dios. Es una historia de maldad que ha servido para corromper y brutalizar la humanidad. En lo que a mí respecta, la detesto profundamente, igual que detesto todo lo que es cruel.[4]

¿Cómo respondemos a eso? Podemos considerar, en síntesis, tres puntos.

Consideremos la Biblia en su conjunto

La gente que critica la Biblia es extremadamente selectiva a la hora de escoger pasajes bíblicos en los que basar su descripción de Dios. Cualquier lector de la Biblia tendrá dificultades en comprender cómo las acciones de Israel al atacar las naciones vecinas podían estar al servicio de la justicia de Dios. Y, sin embargo, esas mismas partes del Antiguo Testamento también mantienen que Dios es increíblemente misericordioso y compasivo. Cuando

Abraham intercede ante Dios a favor de Sodoma (Génesis 18), comprueba que Dios perdonaría la maldad de la ciudad por el bien de algunos habitantes buenos. Asimismo, en el relato que narra cómo Dios liberó a Israel de la opresión egipcia —aunque el centro de atención sea el castigo justo de la maldad humana—, Moisés encuentra tiempo para declarar la bondad de Dios:

[...] El Señor, Dios clemente y compasivo, lento para la ira y grande en amor y fidelidad, que mantiene su amor hasta mil generaciones después, y que perdona la iniquidad, la rebelión y el pecado (Éxodo 34,6-7).

De la misma manera, la literatura profética se centra en Dios como quien se preocupa enormemente por la justicia social y el cuidado del pobre. A través de Zacarías, por ejemplo, Dios dice:

Así dice el Señor Todopoderoso: «Juzguen con verdadera justicia; muestren amor y compasión los unos por los otros. No opriman a las viudas ni a los huérfanos, ni a los extranjeros ni a los pobres. No maquinen el mal en su corazón los unos contra los otros» (Zacarías 7,9-10).

Siempre se podrá seleccionar ejemplos extremos, sacándolos de su contexto para dibujar una imagen horrible de Dios como un «monstruo malvado». Sin embargo, la Biblia ha de ser leída como un todo. Entonces, se aprecia la imagen de un Dios afectuoso y bueno. No deberíamos dejar que algunos pasajes de la Biblia —difíciles de conciliar con la imagen de un Dios bueno— oscurezcan todos los demás.

Me he esforzado en leer la Biblia entera todos los años desde que me convertí al cristianismo (hace treinta y cinco años) y sencillamente no reconozco al Dios descrito por Thomas Paine y los Nuevos Ateos. Ciertamente, no creo en el Dios que ellos describen; el Dios que yo conozco es totalmente diferente. Es un Dios de amor, cuyo amor por nosotros es tan alto como la distancia entre el cielo y la tierra, cuya compasión es como la de un padre que cuida a sus hijos. Es un Dios de justicia y amor, un Dios de amabilidad y compasión, y un Dios de misericordia y gracia (Salmos 103,11-13).

Leamos la Biblia a la luz de Jesús

La Biblia ha de leerse en el contexto de una relación viva con su protagonista: Dios. Leer la Biblia no es un ejercicio académico, sino la expresión de una relación. La fe consiste en poner nuestra confianza en el Dios que nos habla a través de su Palabra. Dios se ha revelado en la Biblia. Es posible, como dijo Jesús, aferrarse a las Escrituras, pero sin leerlas en el contexto de esta relación transmisora de vida: «Ustedes estudian con diligencia las Escrituras porque piensan que en ellas hallan la vida eterna. ¡Y son ellas las que dan testimonio en mi favor!» (Juan 5,39).

Como cristianos, creemos que Jesús es la imagen del Dios invisible; Jesús dijo: «El que me ha visto a mí, ha visto al Padre» (Juan 14,9). En Lucas 24,27, leemos que «comenzando por Moisés y por todos los profetas, [Jesús] les explicó lo que se refería a él en todas las Escrituras». Al leer las Escrituras a la luz de Jesús, el Antiguo Testamento se convierte en un texto cristiano. Debemos mirar al Antiguo Testamento a través de la persona, vida, muerte y resurrección de Jesús. Tomemos, por ejemplo, la muerte de Jesús: Jesús no actuó con violencia, pero permitió que la violencia actuara contra él; dio su vida como rescate por nosotros. Muchos pasajes en el Antiguo Testamento cambian notablemente cuando los interpretamos desde esta perspectiva.

También necesitamos ver las Escrituras a la luz de las enseñanzas de Jesús. Jesús dijo: «Traten a los demás tal y como quieren que ellos los traten a ustedes» (Lucas 6,31); «Ama a tu prójimo como a ti mismo» (Mateo 22,39); «Amen a sus enemigos y oren por quienes los persiguen» (Mateo 5,44). Debemos interpretar el Antiguo Testamento desde esta perspectiva.

Reconozcamos el impacto positivo de la Biblia

Debemos recordar que la enseñanza de Jesús es fundamental en la historia de la civilización occidental. Ha proporcionado un código moral, es decir, criterios sobre lo que es absolutamente correcto y absolutamente incorrecto, sobre lo que es absolutamente bueno y absolutamente malo. Si se descartara al Dios de la Biblia, el código moral quedaría patas arriba o necesitaría una nueva base, si es que puede haberla.

La Biblia misma ha proporcionado la base histórica del concepto que tiene la sociedad sobre lo que es el bien y el mal. Si eliminamos esa base y descartamos a Dios como un «monstruo malvado», deberíamos preguntarnos qué camino moral seguiría la sociedad. A este respecto, lo poco que ofrecen como alternativa los que han iniciado esta acusación es, por lo menos, preocupante. Si somos tan solo un producto de nuestros genes y de nuestro ambiente, o si estamos bailando solo al ritmo de nuestro ADN,[5] entonces no hay lugar para criterios absolutos de moralidad, sino para criterios puramente subjetivos. Rod Liddle escribió en el *Sunday Times*:

En ningún otro lugar se afanan los ateos más inútilmente que en su intento de llenar lo que Sartre llamó el «vacío en forma de Dios» que todos tenemos, es decir, nuestra necesidad de creer en algo de donde derivar nuestra noción de moralidad. Dawkins reconoce esta necesidad e improvisa 10 mandamientos. En lugar del «no matarás», «no robarás» o «no desearás la mujer de tu prójimo», propone cosas como: «Aprecia el futuro en una escala temporal más larga que tu propia escala», o «Disfruta de tu vida sexual (mientras no hagas daño a nadie)». Son los 10 Mandamientos entregados, no en piedra, sino quizá en cuajada de soja orgánica. Es algo que va más allá de la parodia y su potencial longevidad como código moral útil puede contarse en años en vez de en milenios.[6]

Cuando se elimina el criterio absoluto, lo único que queda es el utilitarismo; y la ética utilitarista tiene implicaciones preocupantes. En el epílogo al libro de John Brockman titulado *What is Your Dangerous Idea?*, Dawkins escribió lo siguiente respecto a la eugenesia:

Me pregunto si, sesenta años después de la muerte de Hitler, nos podemos arriesgar a preguntar cuál es la diferencia moral entre crear genéticamente a alguien para que tenga aptitudes musicales y obligar a un niño a ir a clases de música. O por qué es aceptable entrenar a corredores y a saltadores de altura y no crearlos genéticamente [...]. ¿No ha llegado el momento de dejar de tener miedo a hacer preguntas? [...] Es más difícil de lo que la mayoría de la gente piensa justificar el estatus único y exclusivo del que disfruta el Homo sapiens en nuestras asunciones inconscientes. ¿Por qué «provida» siempre significa «provida humana»? ¿Por qué se escandaliza tanta gente con la idea de matar un embrión humano de ocho células mientras mastica alegremente un filete que ha costado la vida de una vaca adulta, sensible y probablemente aterrorizada?[7]

Dawkins implica por consiguiente que no hay ninguna razón absoluta para preferir la gente a las vacas. Hitchens se refiere con demasiada frecuencia a los humanos como mamíferos. Sin embargo, si no hay distinción entre los seres humanos y los animales, la santidad de la vida humana se abandona a favor de principios como: «Es malo reducir la duración de una vida que merezca la pena vivir».

Recientemente, vi una noticia en televisión sobre la Hermana Frances Dominica, que ganó el Premio a la Mujer del Año en 2007. La Hermana Frances fundó Helen House, una residencia donde se atiende a niños muy graves o con enfermedades terminales en Oxfordshire, Inglaterra, y que ofrece apoyo práctico y espiritual a los padres y familias que intentan cuidar a sus hijos enfermos en sus casas. Es profundamente conmovedor ver a la Hermana Frances y a la gente que trabaja en Helen House cuidar a esos niños con enfermedades muy graves o terminales, con una enorme ternura, ofreciéndoles la mejor vida posible en el corto espacio de tiempo que les queda en la tierra. Este testimonio plantea la pregunta: «¿Por qué lo hacen?». Lo hacen porque creen en el Dios de la Biblia y en la santidad de la vida humana, que sostiene que todos los niños, independientemente de su discapacidad, están hechos a imagen y semejanza de Dios, son amados y enormemente valorados por él. El Dios de la Biblia, como revelado en Jesucristo, no es un «monstruo malvado», sino la única esperanza para el futuro de nuestra civilización.

¿Es la fe realmente «uno de los grandes males del mundo»?

La fe se ha descrito como «uno de los grandes males del mundo, comparable al virus de la viruela, pero más difícil de erradicar».[8] Consideremos tres aspectos de esta opinión.

Distingamos entre la fe y el abuso de la fe

Como hemos visto más arriba, las Cruzadas representaron un *abuso* de la fe cristiana. Es fundamental que tanto los creyentes como los no creyentes distingan entre el uso y el abuso de sus creencias. Los principales ateos destacan tan solo el *abuso* de la fe, y nunca su uso para el bien. Por el contrario, en lo que respecta a las ideologías seculares, solo inciden en su uso para el bien y no en su abuso. Paul Copan escribe:

«¿Es tener que ir a la iglesia una forma de tiranía?».

La mayoría de la sangre derramada en el siglo XX fue el resultado de ideologías ateas. Es irónico que se eche la culpa de la violencia a la religión, y que los críticos de la religión permanezcan en silencio cuando una doctrina secular o atea —como la de Stalin o Mao Tse Tung— siembra la destrucción absoluta en millones y millones de vidas.[9]

También se puede abusar de los avances de la ciencia moderna, como demuestra la creación del napalm, de las minas antipersonales y de las cámaras de gas. Del mismo modo, se puede abusar de la fe. Como el canónigo David Watson solía decir: «Lo contrario de "abuso" no es "desuso", sino "uso adecuado"». He aquí una reflexión del escritor cristiano norirlandés John Lennox, quien ha vivido personalmente el daño que el conflicto religioso y el abuso de la fe puede causar.

Como norirlandés, estoy muy familiarizado con un tipo de violencia sectaria en la que se ha usado la historia religiosa para avivar las llamas del terrorismo (en ambos bandos), aunque, como señalan los historiadores, hay un entramado adicional de factores políticos y sociales muy activo que hace que un análisis centrado tan solo en las causas religiosas sea demasiado simplista. ¿Qué puedo decir, pues, sobre este aspecto malvado de la religión?

Lo primero que tengo que decir es que lo condeno rotundamente y lo aborrezco con la misma intensidad que los Nuevos Ateos. Nótese que lo hago como cristiano. Porque, aunque la acusación de los Nuevo Ateos contra la cristiandad por su violencia puede estar justificada, dicha acusación no es válida contra la enseñanza de Cristo [...]. La gente que participa en actividades violentas y crueles en cualquier época y lugar —en Irlanda del Norte, los Balcanes o en cualquier otro sitio— invocando el nombre de Dios, ciertamente no está obedeciendo a Cristo, por mucho que diga lo contrario. Después de todo, el nombre «cristiano» significa 'discípulo o seguidor de Jesucristo'. Seguir a Jesucristo significa obedecer sus mandamientos. Y uno de esos mandamientos fue la prohibición explícita del uso de la fuerza para defender a Cristo o a su mensaje [...]. Así que dígase alto y claro —tendrá que ser bien alto para que se oiga sobre los aullidos de los Nuevos Ateos—: «Cristo repudió la violencia». No permitió que se usara la fuerza para salvarlo de falsas acusaciones, de sufrimiento e incluso de la muerte.[10]

Recordemos el daño causado en nombre del ateísmo

La premisa del Nuevo Ateísmo es que el mundo mejoraría notablemente si nos pudiéramos deshacer de la religión. El famoso periodista John Humphrys escribe que «es totalmente absurdo que los ateos mantengan que si no hubiera religión, reinarían la paz y la armonía. No es la Biblia la que lo prueba, sino los libros de historia».[11] Keith Ward, catedrático emérito de la Universidad de Oxford, señala, en la misma línea, que: «las dos guerras mundiales no se hicieron por motivos religiosos en absoluto [...]. No hubo doctrinas ni prácticas religiosas en juego en esas guerras. Los conflictos más terribles de la historia de la humanidad no han sido religiosos».[12]

Se *han* cometido maldades en nombre del ateísmo. Humphrys nos recuerda que eso incluye el mismo terrorismo —a pesar de su frecuente asociación con la religión—. El británico John Gray, experto en filosofía política, advierte que «es fácil olvidar que durante el siglo XX se utilizó el terror a gran escala en regímenes seculares [...]. Las raíces del terrorismo actual están mucho más presentes en la ideología occidental radical —especialmente en el leninismo— que en la religión».[13] Se calcula que en la antigua Unión Soviética 20 millones de personas fueron asesinadas; en

China, 65 millones; en Corea del Norte, 2 millones y en Camboya, otros 2 millones.

Al menos parte de este terrorismo fue perpetrado por regímenes ateos *contra* personas creyentes y *contra* la religión. Se calcula que entre 85 y 100 millones de personas han sido asesinadas por gobiernos comunistas mediante la exterminación de su propia población y a través de políticas explícitamente antirreligiosas. John Cornwell, miembro de Jesus College, en Cambridge, señala que «el ateísmo de Stalin fue un aspecto fundamental en toda su ideología. Oprimió, encarceló y asesinó [a cristianos], destruyendo sus [...] iglesias a lo largo y ancho de Rusia».[14] En un discurso pronunciado el 18 de noviembre de 1961, Jrushchov, dirigente de la Unión Soviética en aquel momento, esbozó su filosofía diciendo: «Necesitamos un sistema de educación ateísta-científica bien equilibrado y reconocido que abrace todos los estratos y grupos de la población e impida la difusión de ideas religiosas, especialmente entre los niños y adolescentes».[15]

Tanto el cristianismo como el ateísmo han hecho daño, en algunas ocasiones, a nuestro mundo. Pero el daño es consecuencia del *abuso*. Nadie está insinuando que todos los ateos hagan cosas terribles. Mi padre era ateo (o, al menos, agnóstico) y fue un hombre maravilloso; uno de los héroes de mi vida.

Apreciemos lo bueno que se hace en nombre de Jesús

Es cierto que los cristianos han hecho daño a lo largo de la historia, pero no es cierto que la iglesia haya hecho de manera sistemática más mal que bien. El escritor y teólogo Jonathan Hill admite que mucho de lo que se ha hecho en el nombre de Jesucristo ha sido malo, pero nos insta a reconocer que eso no define el cristianismo en su totalidad:

Las iglesias cristianas, como cualquier otra institución, tienen una historia y una composición muy complejas. Evidentemente, no han sido solo y exclusivamente brillantes modelos de bondad, y no pretendo decir lo contrario. Pero, de igual modo, tampoco han sido solo y exclusivamente terribles fuentes del mal.[16]

Lamentablemente, los críticos del cristianismo se fijan tanto en el mal, que no ven que la iglesia siempre se ha esforzado, aunque de manera imperfecta, por ser una fuente de bendición. Ejemplo de esto es el enorme logro de los cristianos en fundar hospitales en toda Europa. Los cristianos en la Edad Media fueron únicos en lo que respecta al establecimiento de leproserías, donde se cuidaba de aquellos que otras sociedades «desterraban de los asentamientos humanos». Los cristianos han fundado hospitales y centros de asistencia desde la época del Imperio Romano. No había precedentes de este acto de amor y atención en la sociedad pagana de la que el imperio emergió.

Cuando la plaga llegó a Edesa, en la actual Turquía, San Efrén de Siria (306-373 d.C.) hizo allí un hospital para cuidar a los afectados. San Basilio el Grande (329-379) fundó una leprosería en Capadocia. En Constantinopla, hubo laicos de las clases ricas que servían a los pobres, bañaban a los enfermos y dieron limosna durante siglos. En efecto, estos actos de caridad nunca fueron tan amplios como en la Edad Media, la misma época en la que tuvieron lugar las Cruzadas. Durante este tiempo solo los monjes benedictinos eran responsables de 2.000 hospitales en Europa occidental. En esos centros se alimentaba a los hambrientos, se cuidaba de las viudas y de los huérfanos y se distribuía limosna. Progresivamente, estos centros de asistencia médica se desarrollaron en centros de formación, convirtiéndose en los precursores de la actual red de asistencia y formación médica.

Hay que decir, por consiguiente, que el cristianismo también ha hecho mucho bien a la sociedad. El teólogo y filósofo David Bentley Hart sugiere que los historiadores que estudian detalladamente la Edad Media, con todos los horrores característicos de las Cruzadas, perciben con mayor frecuencia «una sociedad en la que, a pesar de todas sus brutalidades, entramado de motivaciones e inconstancias, estuvo construida genuinamente alrededor de la idea central del amor cristiano».[17]

A lo largo de los siglos, millones de cristianos de a pie de todo el mundo han hecho el bien. Incluso la gente que no es cristiana reconoce el bien que se hace en nombre de Jesús. John Humphrys es agnóstico y se describe como un «ateo fracasado». Después de su programa en BBC Radio 4 titulado *In Search of God* ('En busca de Dios'), recibió cientos de cartas en respuesta a su búsqueda. A este respecto escribe:

Por cada escéptico, había docenas de creyentes que decían haberse convertido gracias a un suceso específico o a alguna experiencia [...]. Es gente extraordinariamente sincera que, de un modo u otro, ha llegado a creer en Dios y la fe ha cambiado su vida. [...] En la mayoría de los casos me sorprende la inteligencia y capacidad de discernimiento de los autores de las cartas, quienes han reflexionado muchísimo sobre su fe, se han hecho muchas preguntas y han conseguido, a menudo, respuestas satisfactorias a sus dudas [...]. Por cada fanático hay una cantidad innumerable de gente normal y decente que cree en [...] Dios y que no desea hacer daño a nadie. Muchos de ellos consideran que es su deber tratar de hacer el mundo un lugar mejor.[18]

En una entrevista de radio, poco antes de su muerte, el escritor y destacado ateo Christopher Hitchens dijo: «No hay nada que un creyente pueda hacer, que un no creyente no pueda hacer. No hay ningún beneficio que un cristiano pueda aportar a la sociedad, que una persona secular no pueda también aportar». Después de escuchar esa entrevista, Charlie Mackesy, pintor y escultor, escribió lo que le habría respondido si hubiera estado en ese programa:

Todo lo que puedo decir, Christopher, y hablo por mí, es que hay cosas que he hecho con fe en Jesús que nunca jamás habría tenido el valor de hacer, la paciencia de soportar, el amor y la libertad de emprender; la audacia o la inspiración de crear y el deseo de realizar. Estoy seguro de que otros, sin fe, podrían haber conseguido más, mucho más, pero yo, sin fe, nunca lo habría intentado, o habiéndolo intentado, habría fracasado la mitad de las veces. Jesús transmite vida, audacia y valentía en todo; esa es mi experiencia.[19]

Los cristianos no afirman ser mejores que los que no lo son, sino simplemente mejores de lo que habrían sido si no se hubieran hecho cristianos. El evangelio, la buena nueva de Jesús proporciona libertad y liberación a nuestra vida, y el Espíritu Santo nos transforma desde dentro. «El fruto del Espíritu es amor, alegría, paz, paciencia, amabilidad, bondad, fidelidad, humildad y dominio propio» (Gálatas 5,22-23). Vemos este fruto en la vida de las personas que siguen a Jesús, en su deseo de ayudar a los pobres, visitar a los prisioneros y cuidar a los moribundos. ¿Puede decirse realmente que la religión sea «uno de los grandes males del mundo»?

Conclusión

Yo fui ateo y compartía opiniones parecidas a las de los Nuevos Ateos, aunque, naturalmente, no tan desarrolladas. Entonces me encontré con Jesucristo y descubrí que podía relacionarme con él, con el Dios de la Biblia, que no es un «monstruo malvado». Experimenté el maravilloso amor de Dios derramado en mi corazón por el Espíritu Santo, que me llenó de amor por Dios y por mi prójimo. Esa fue una de las experiencias que me hizo pedir la ordenación, porque deseo ardientemente que otras personas experimenten ese mismo amor en sus vidas. A lo largo de los años, he visto los frutos de esta fe en nuestro matrimonio y vida familiar, y he visto los frutos de la fe cristiana en otras familias de nuestra iglesia. He visto sus frutos en los niños, en los adolescentes y en los jóvenes que han crecido en una comunidad de fe.

También he visto a gente abrazar la fe en Jesús en nuestra iglesia a través de Alpha y he oído muchas otras historias similares de otras partes del mundo. Historias que nos hablan de vidas transformadas: personas cuyo matrimonio ha sido restaurado, cuyas relaciones con padres o hijos han mejorado de una manera sorprendente, personas que se han visto liberadas de adicciones o que estaban en la cárcel y han empezado a creer en Jesús. Estas historias nos hablan de cómo su fe les ha cambiado y están hoy contribuyendo en la creación de una sociedad mejor. Algunos han iniciado ministerios de ayuda a los pobres, a los sin techo, a los enfermos de SIDA. ¿Por qué? Porque han experimentado la fe en Jesucristo.

Las cosas pequeñas que hace cada persona —actos de perdón, de amor y de servicio— se pueden multiplicar por miles de millones. Ocurren todos los días y no quedan necesariamente registradas ni hay mucha gente que se percate de ellas. No puedo hablar sobre la religión en general, pero puedo decir, porque lo he visto con mis propios ojos, que la fe en Jesucristo no hace ningún daño —sino una enorme cantidad de bien— porque seguimos al que «anduvo haciendo el bien» (Hechos 10,38).

NOTAS

1. Tobias Jones, «Secular fundamentalists are the new totalitarians», *The Guardian,* 6 de enero de 2007.
2. *New York Times,* 11 December 2005, <nytimes.com/2005/12/11/magazine/11wwln_q4.html?_r=0>
3. Francis Collins, *El lenguaje de Dios. Un científico presenta evidencias para creer* (Planeta México, 2007).
4. Thomas Paine, *La edad de la razón. Una investigación sobre la verdadera y fabulosa teología* (Consejo Nacional para la Cultura y las Artes, México, Dirección General de Publicaciones, 2003).
5. En Richard Dawkins, *El río del Edén* (Debate Editorial, 2000), Dawkins escribe que «el ADN ni sabe, ni le importa. El ADN tan solo es. Y nosotros bailamos a su ritmo».
6. Rod Liddle, *Sunday Times,* 8 de octubre de 2006.
7. John Brockman, *What is Your Dangerous Idea? Today's Leading Thinkers on the Unthinkable* (Simon & Schuster, 2006), p. 300.
8. Christopher Hitchens, *Cartas a un joven disidente* (Anagrama Editorial, 2003).
9. Paul Copan, «Jesus, Religions and Just War» (Ravi Zacharias International Ministries USA, 2007) <http://www.everystudent.com/wires/justwar.html>
10. John Lennox, *Gunning for God: A Critique of the New Atheism* (Lion, 2011), pp. 64–65.
11. John Humphrys, *In God We Doubt* (Hodder, 2008), p. 184.
12. Keith Ward, *Is Religion Dangerous?* (Lion, 2006), p. 74.
13. John Humphrys, *óp. cit.,* p. 293.
14. John Cornwell, *Darwin's Angel* (Profile Books, 2008), p. 90.
15. Michael Bourdeaux, *Patriarchs and Prophets: Persecution of the Russian Orthodox Church* (Mowbrays, 1975), p. 38.
16. «Christianity's Cultural Contributions: Rob Moll interviews Jonathan Hill», *Christianity Today,* marzo de 2006.
17. David Bentley Hart, *Atheist Delusions: The Christian Revolution and Its Fashionable Enemies* (Yale University Press, 2009), p. 31.
18. John Humphrys, *óp. cit.,* pp. 217, 232, 322.
19. Charlie Mackesy, fragmento tomado de una charla ofrecida en HTB, Londres, el 6 de enero de 2008.

CAPÍTULO 6

¿ES LA TRINIDAD UNA CREENCIA SIN FUNDAMENTOS BÍBLICOS, IMPOSIBLE DE CREER E IRRELEVANTE?

La palabra «Trinidad» deriva de la palabra latina «*Trinitas*», que es un término teológico creado para describir una unidad triple. El cristianismo se basa en la doctrina de la realidad y personalidad triple de un Dios. La palabra «Trinidad» no aparece en la Biblia y, por consiguiente, se sugiere a veces que el concepto de la Trinidad no es bíblico.

Otros sugieren que es algo imposible de creer porque es incomprensible. El Símbolo «Quicumque»[1] (aprox. 500 d.C.) resume la doctrina de la Trinidad de este modo: «El Padre es Dios, el Hijo es Dios, el Espíritu Santo es Dios. Y, sin embargo, no tres dioses, sino un Dios».

En el libro de Lewis Carroll *Al otro lado del espejo, y lo que Alicia encontró allí* —continuación de su obra *Alicia en el país de las maravillas*—, la Reina Blanca, tenía el hábito de creerse seis cosas imposibles antes de desayunar. Muchos se preguntan si, como cristianos, se nos pide que hagamos algo parecido con la doctrina de la Trinidad.

Otros, incluso, consideran la doctrina irrelevante. Posiblemente creen que es cierta, pero no creen que sea importante para su vida diaria. Los sermones sobre la Trinidad no son exactamente eventos que atraigan masas. ¿Por qué creer en la Trinidad? ¿Es bíblica? ¿Es creíble? ¿Es comprensible? ¿Es relevante para nuestras vidas en la actualidad?

¿Es bíblica?

Como he mencionado más arriba, la palabra «Trinidad» no aparece en la Biblia. Fue usada por primera vez, en su forma griega, por un antiguo escritor cristiano llamado Teófilo, obispo de Antioquía, aproximadamente en el año 180 d.C. Sin embargo, como ha observado el profesor F.F. Bruce: «No nos dejemos engañar por el ridículo argumento que sostiene que como el término "Trinidad" no aparece en las Escrituras, la doctrina de la Trinidad no es bíblica».

El cristianismo surgió del judaísmo, que era una fe monoteísta (Deuteronomio 6,4), en oposición al politeísmo de las naciones vecinas. Incluso el Nuevo Testamento afirma que hay un solo Dios (Juan 5,44; Romanos 3,30; 1 Timoteo 1,17; Santiago 2,19).

Los primeros cristianos participaron en dos sucesos históricos que revolucionaron su concepto de Dios. En primer lugar, vivieron de primera mano los sucesos reveladores de la vida, muerte y resurrección de Jesús. Tras estas revelaciones, se percataron de que algo en Jesús indicaba que él era Dios mismo. Enseguida se encontraron adorando a Jesús como Dios (por ejemplo, Juan 20,28) y, sin embargo, rechazaban totalmente el modelo politeísta de la religión romana. En lugar de eso, percibían a Jesús como un hombre cuya identidad era Dios y, no obstante, no era idéntico a Dios.

En segundo lugar, tuvieron una experiencia del Espíritu Santo que les elevó por encima del ámbito de la experiencia humana y que les introdujo en una relación personal con la Deidad. Se dieron cuenta de que el Espíritu Santo se identificaba con Dios y con Jesús, y, con todo, no era idéntico a ninguno. Y así empezaron a creer en la divinidad del Padre, la divinidad del

Hijo y la divinidad del Espíritu Santo. Sin embargo, nunca abandonaron la creencia de que había un solo Dios. Podemos apreciar cómo Juan, por ejemplo, expone esto en su Evangelio. Afirma, con los otros evangelistas, que hay un solo Dios (Juan 5,44; 17,3). No obstante, en las frases de apertura de su Evangelio, nos presenta dos personas distintas dentro de la unidad de la Deidad: «En el principio ya existía el Verbo, y el Verbo estaba con Dios, y el Verbo era Dios». En palabras de J.I. Packer, del Regent College de Vancouver:

El Verbo era una persona que estaba en comunión con Dios, y el Verbo era en sí mismo personal y eternamente divino. [...] Pero esto no es todo lo que Juan quiere que entendamos acerca de la pluralidad de personas en la Deidad. [...] Nuestro Señor [en el Evangelio de Juan] ofrece una enseñanza paralela, en el sentido de que el Espíritu divino también es una persona. [...] Así Juan deja estampada la revelación de nuestro Señor sobre el misterio de la Trinidad: tres personas y un solo Dios [...].[2]

Las páginas del Nuevo Testamento están impregnadas de la Trinidad. Algunos dirían que hay indicios de esta doctrina incluso en el Antiguo Testamento, desde su mismo inicio en Génesis 1,1-3a. En el versículo 1, leemos sobre *Dios* creador. El versículo 2 die que «el *Espíritu* de Dios iba y venía sobre la superficie de las aguas». El versículo 3 comienza: «Y dijo Dios [...]» —Dios creó por su *Verbo*. Juan, en su Evangelio, nos dice que el Verbo no es otro que el mismo Jesús (Juan 1,14). Por tanto, Dios Padre, Dios Hijo y Dios Espíritu Santo estaban allí desde el principio.

En el Nuevo Testamento encontramos varias oraciones y bendiciones que mencionan deliberadamente al Padre, al Hijo y al Espíritu Santo juntos. El bautismo se confiere en el nombre (singular) del Padre, y del Hijo y del Espíritu Santo (Mateo 28,19). Pablo concluye su segunda carta a los Corintios con esta bendición: «Que la gracia del Señor Jesucristo, el amor de Dios y la comunión del Espíritu Santo sean con todos ustedes» (2 Corintios 13,14). Mientras que estos dos textos no declaran expresamente la doctrina de la Trinidad, señalan claramente hacia ella.

Pablo entiende prácticamente todos los aspectos de la fe y vida cristianas en términos trinitarios. Como el líder cristiano y escritor John

Stott argumentó al comentar Efesios 1, las dos mitades del capítulo son «esencialmente trinitarias [...]. Ambas están dirigidas a Dios Padre [...], ambas hacen referencia específica a la acción de Dios en Cristo y por Cristo [...] y ambas aluden —aunque sea indirectamente— a la acción del Espíritu Santo. [...] Tanto la fe cristiana como la vida cristiana son fundamentalmente trinitarias».³

En el capítulo 2 de la misma carta, nuestra relación con Dios y la oración se perciben en términos trinitarios. Oramos «al Padre», a través de Jesús, «por un mismo Espíritu» (Efesios 2,18 —para una exposición más detallada, ver *Preguntas de la vida*, capítulo 5—). En el capítulo 3, la efusión del Espíritu se describe en términos trinitarios, como veremos más adelante. En el capítulo 4, se insta a la unidad cristiana por razones trinitarias: «Hay [...] un solo Espíritu, [...] un solo Señor, [...] un solo Dios y Padre de todos» (Efesios 4,4-6). En la instrucción ética de la segunda mitad de Efesios 4, como señala John Stott, «es natural que [Pablo], al establecer sus instrucciones morales, mencione las tres personas de la Trinidad. Nos exhorta a "ser imagen de Dios", a "aprender de Cristo" y a "no agraviar al Espíritu Santo"».⁴

Finalmente, refiriéndose al culto cristiano, Pablo se expresa de nuevo en términos trinitarios (Efesios 5,18-20). «Una vez más la doctrina de la Trinidad informa y dirige nuestra devoción. Cuando estamos llenos del Espíritu Santo, damos gracias a Dios, nuestro Padre, en el nombre del Señor Jesucristo».⁵

La carta a los Efesios no es el único lugar donde emerge el pensamiento trinitario de Pablo. En 1 Corintios describe los dones del Espíritu de este modo: «Hay diversos dones, pero un mismo *Espíritu*. Hay diversas maneras de servir, pero un mismo *Señor*. Hay diversas funciones, pero es un mismo *Dios* el que hace todas las cosas en todos» (1 Corintios 12,4-6, la cursiva es mía).

En 2 Tesalonicenses, Pablo se expresa una vez más en términos trinitarios cuando habla de la iniciativa, los medios y la meta de la salvación: «*Dios* los escogió a ustedes para ser salvos, mediante la obra santificadora del *Espíritu* [...] a fin de que tengan parte en la gloria de nuestro *Señor Jesucristo*» (2 Tesalonicenses 2,13-14, la cursiva es mía).

Finalmente, en Romanos 8, Pablo describe la relación del creyente con

Dios en cuanto al Padre, al Hijo y al Espíritu Santo juntos:

> Y ustedes no recibieron un espíritu que de nuevo los esclavice al miedo, sino el *Espíritu* que los adopta como hijos y les permite clamar: «¡Abba! *¡Padre!*». El Espíritu mismo le asegura a nuestro espíritu que somos hijos de Dios. Y si somos hijos, somos herederos; herederos de Dios y coherederos con *Cristo*, pues si ahora sufrimos con él, también tendremos parte con él en su gloria (Romanos 8,15-17, la cursiva es mía).

Según Pablo, nos dirigimos a Dios Padre, por Cristo, en el poder del Espíritu.

Pablo no es el único escritor trinitario en el Nuevo Testamento. Por ejemplo, al principio de su primera epístola, Pedro describe en términos trinitarios el modo en que Dios nos escoge: «A los elegidos [...] según la previsión de *Dios Padre*, mediante la obra santificadora del *Espíritu*, para obedecer a *Jesucristo* y ser redimidos por su sangre» (1 Pedro 1,1-2, la cursiva es mía).

A pesar de estos y de otros muchos pasajes similares del Nuevo Testamento, la Biblia no tiene ninguna declaración oficial de fe sobre la Trinidad que describa la identidad y relación del Padre, del Hijo y del Espíritu Santo, como es el caso del Símbolo «Quicumque» mencionado más arriba. La iglesia primitiva simplemente experimentó y reflexionó sobre la realidad de Dios como Padre, Hijo y Espíritu Santo. Fue solo más adelante cuando se definió una doctrina coherente y sistemática en respuesta a las diferentes y peligrosas interpretaciones que se estaban ofreciendo sobre la Trinidad.

Por un lado, por ejemplo, Arrio (250-336 d.C.), excomulgado de la iglesia por herejía, argumentaba que Jesús era divino, pero que su divinidad era solo parcial y derivada. El Padre, el Hijo y el Espíritu Santo eran tres seres distintos. «Estas tres personas eran tres seres absolutamente distintos, que de ninguna manera tenían la misma sustancia o esencia que cada una de las otras».[6] En el siglo VI, Juan Filópono sostenía que había tres dioses, todos con las mismas cualidades, pero distintos y separados entre sí. Esta teología equivale prácticamente al politeísmo.

En el otro extremo, Sabelio redujo la Trinidad a una unidad con tres modos de expresión. Padre, Hijo y Espíritu Santo no eran más que nombres simbólicos para el mismo Dios en sus diferentes actividades. En lugar de tres personas, defendía que había un ser que cambiaba de máscara según actuara como creador, redentor o santificador. Había, por tanto, una persona con tres nombres. Contra estas interpretaciones heréticas, el Concilio de Constantinopla —celebrado en el año 381 d.c. como continuación del Concilio de Nicea (325 d.C.)— definió un solo Dios (de una misma sustancia) y tres personas. Esta descripción de la Trinidad se ha mantenido desde entonces en todas las iglesias cristianas fieles a la ortodoxia. La doctrina tradicional se resume en el Símbolo «Quicumque» desarrollado posteriormente:

> Veneramos a un Dios en la Trinidad y a la Trinidad en unidad. Ni confundimos las personas, ni separamos las sustancias. Porque otra es la persona del Padre, otra la del Hijo, otra la del Espíritu Santo: Pero la Deidad del Padre y del Hijo y del Espíritu Santo es una, es igual su gloria, es coeterna su majestad.

¿Es creíble?

Hay quienes consideran esta doctrina imposible de creer porque les parece incomprensible debido a su inmensidad. De hecho, el mismo Símbolo «Quicumque» afirma: «Inmenso el Padre, inmenso el Hijo, inmenso el Espíritu Santo. Y, sin embargo, no [...] tres inmensos, sino uno inmenso». Como el teólogo Alister McGrath sugiere, muchos se sienten tentados a añadir: «Tan inmenso que es incomprensible».[7] Sin embargo, «inmenso» no quiere decir «ajeno a nuestro entendimiento»; quiere decir que «las Personas no pueden ser reducidas, encasilladas. No pueden ser abarcadas o limitadas por el ser humano».[8] Debemos reconocer, ciertamente, que no es una doctrina fácil de entender. Estamos hablando de la naturaleza del mismo Dios, de modo que no es sorprendente que dilate nuestro entendimiento hasta el extremo. Uno de los teólogos más importantes de la iglesia, Agustín de Hipona (354-430 d.C.), escribió quince volúmenes sobre la Trinidad, donde sintetiza la doctrina ya existente y añade las últimas pinceladas a lo que serían las afirmaciones más profundas y exactas que jamás se hayan hecho sobre este tema. Con todo, no sondeó la profundidad de esta doctrina en su plenitud. Dios no puede ser encasillado ni fácilmente comprendido.

Un predicador, hablando sobre la Trinidad, concluyó su sermón con la pregunta: «¿Ha quedado claro?». Un hombre de la asamblea dijo: «Sí». Y el predicador respondió: «En ese caso, ¡no has entendido nada!». El mismo San Agustín dijo: «Si lo puedes entender, ¡no es Dios!». Con eso no quiso decir que no tratáramos de comprenderlo, si así fuera no habría escrito quince volúmenes sobre el tema. Lo que quiso decir fue que siempre habría un elemento de misterio sobre Dios.

Llegados a este punto, nos podríamos preguntar: «¿Por qué esforzarse en comprenderlo?», o: «¿Importa en realidad?». La respuesta es que sí importa y que necesitamos tratar de comprenderlo, en la medida de lo posible, porque es algo fundamental para la fe cristiana. Nuestro Dios es Trinidad.

Muchos han utilizado analogías humanas que nos ayudan a entender la doctrina de la Trinidad. David Prior, el párroco de la iglesia de St Michael, en Chester Square, Londres, escribió una carta al periódico *The Times*, publicada en junio de 1992, en la que sugería una analogía muy original:

El domingo pasado tuve que hacer un gran sacrificio y renunciar a ver el final del partido internacional de críquet, televisado desde el estadio Lord's, para predicar en el servicio religioso de la tarde sobre el tema: «Qué creen los cristianos sobre la Trinidad». Las últimas tres pelotas que vi las lanzó Ian Salisbury, el fascinante lanzador de la selección inglesa experto en lanzamientos con efecto. El primer lanzamiento tenía un efecto que desvió la pelota hacia la izquierda después del bote; el efecto del segundo lanzamiento hizo que la pelota botara antes de lo esperado y se elevara más de lo normal; el tercer lanzamiento tenía un efecto que desvió sorprendentemente la pelota hacia la derecha al final de su trayectoria.

Había estado buscando ansiosamente una analogía útil sobre la Trinidad, y por fin la encontré en esos lanzamientos: una persona que se expresa de tres modos diferentes, pero muy semejantes al mismo tiempo. El primer lanzamiento, con desvío después del bote, representa a Dios Padre que nos creó «para que lo buscáramos»; el segundo lanzamiento, sin cambio de dirección, representa la actividad directa de Dios Hijo; el último lanzamiento, con un efecto imprevisible, representa la actividad sorprendente del Espíritu Santo.[9]

La carta de David Prior suscitó dos respuestas interesantes. La primera, de R.A. Morris, que decía: «La analogía trinitaria de David Prior la clasificaría como demasiado amplia. Contiene un error teológico grave, ya identificado por la iglesia primitiva, que consiste en afirmar que la Trinidad es simplemente un solo Dios actuando de maneras distintas en momentos diferentes. Sería mejor quedarse con la imagen del conjunto de los tres palos que forman un *wicket*».[10] La segunda respuesta fue de Timothy Russ: «Quizá David Prior debería haber estado estudiando los Padres de la iglesia en lugar de ver el partido de críquet el domingo de la Trinidad, puesto que parece haber expresado sucintamente la herejía del sabelianismo: "Una persona que se expresa de tres maneras distintas", en lugar de tres personas con una misma sustancia. Mi preocupación, al renunciar a seguir viendo el partido de críquet y apagar la televisión fue: "¿Habrá gente en la iglesia?"».[11]

Estas cartas demuestran lo difícil que es encontrar una analogía de la Trinidad adecuada.

La analogía más básica es la del triángulo: tres lados y una unidad. Algo más elaborada es la analogía del trébol sugerida por San Patricio: cada hoja es una parte esencial del trébol, pero el trébol es más grande que todas sus partes. También se usa el ejemplo de la bandera del Reino Unido: resultado de la combinación de las banderas de San Jorge, San Andrés y San Patricio. Otros utilizan el ejemplo del Sol al distinguir tres realidades: el Sol propiamente dicho, su calor y su luz.

Quizá una analogía mejor sea la del universo, que consiste en espacio, tiempo y materia: el espacio con su longitud, anchura y altura; el tiempo con su futuro, pasado y presente; la materia con su energía, movimiento y fenómenos.

John Eddison, en su libro *Talking to Children* ('Hablando a niños'), usa la analogía de un libro. Un libro existe de tres maneras diferentes al mismo tiempo: en la mente del autor, en la estantería de la biblioteca y en la imaginación del lector. Otros usan la analogía de una casa. El arquitecto (Dios Padre) puede decir: «Es mi casa». El propietario (Dios Hijo) puede decir: «Es mi casa». Y el inquilino (Dios Espíritu Santo) puede decir: «Es mi casa».[12]

El problema de todas estas analogías es que son impersonales. Sin embargo, tratan de ilustrar el aspecto trinitario de Dios. Ciertamente, las mejores analogías de la Trinidad serían las personales, pero hay algunos problemas con este tipo de analogías. Algunos han utilizado un paralelismo con la familia: padre, madre e hijo. Esta analogía se parece a la herejía de Juan Filópono porque sugiere que hay tres dioses y no uno solo. Por otro lado, el ejemplo que a veces se usa de un padre que es bombero la mayor parte del tiempo, futbolista los sábados y pescador los domingos por la tarde pertenecería al sabelianismo porque representa a un solo Dios con tres modos de expresión.

Cuando tratamos de entender la Trinidad, siempre nos tropezamos con tres límites humanos. En primer lugar, nos encontramos con el límite del lenguaje humano. El filósofo austriaco Ludwig Wittgenstein observó que las palabras humanas son totalmente incapaces de describir algo tan trivial como el aroma del café. Cuánto más difícil debe ser describir a Dios con el lenguaje humano.

«Es algo así como "cafeinado", más o menos».

En segundo lugar, nos topamos con los límites del intelecto y la comprensión humana. «Nuestros pequeños sistemas intelectuales se resienten ante la tensión de querer abarcar a Dios».[13] Al describir la Trinidad tenemos que recurrir a la paradoja. Según el *Diccionario Abreviado de Inglés de Oxford*, una paradoja es «una afirmación aparentemente absurda, aunque quizá bien fundamentada». El científico y teólogo Alister McGrath ofrece un ejemplo de paradoja tomado del mundo de la ciencia:

Un ejemplo de paradoja tomado del ámbito científico es la naturaleza de la luz. En la primera década del siglo XX, estaba demostrado que la luz se comportaba de un modo muy extraño: a veces, como si fuera una onda, y otras, como si fuera una partícula. No podía ser las dos cosas al mismo tiempo, así que enseguida se oyó: «¡Contradicción!». ¿Cómo podría ser dos cosas completamente diferentes? Finalmente, gracias al desarrollo de la teoría cuántica, se concluyó que esta contradicción expresaba una dificultad fundamental en nuestra comprensión de la naturaleza verdadera de la luz. En otras palabras, la contradicción no surgió por causa de la luz, sino debido a nuestra dificultad en concebirla.[14]

McGrath continúa diciendo que la naturaleza de la luz era tal que se tuvieron que usar dos modelos contradictorios para explicar su comportamiento (con Dios necesitamos tres modelos contradictorios).

La mayoría de nosotros sabe lo que es la luz sin necesidad de pensar en ondas ni en las partículas que baraja la teoría cuántica. La luz es lo que necesitamos para ver, para hacer nuestras tareas diarias, para leer y para escribir. Es lo que sale del Sol, y, en menor grado, de la Luna. Es lo que obtenemos al encender las bombillas eléctricas o los fluorescentes. Si fuéramos físicos, querríamos pensar en la luz con mucha mayor precisión y detenernos en todas sus complejidades, así que empezaríamos a hablar sobre ondas, partículas y la teoría cuántica. Pero todo eso no es necesario para usar la luz o para reconocerla cuando la vemos.[15]

El hecho de que no podamos comprender totalmente la Trinidad, no quiere decir que no tenga sentido. Cuando enciendo la televisión, no entiendo cómo funciona, pero hay una explicación más allá de los límites de mi comprensión, y esa explicación tiene sentido.

En tercer lugar, nos encontramos con los límites de nuestro finito mundo y de nuestras finitas vidas humanas. C.S. Lewis utiliza la analogía más útil que conozco:

Y ahora, durante unos minutos, te pediré que me sigas atentamente. Sabes que en el espacio te puedes mover en tres direcciones —a la izquierda y a la derecha, hacia atrás y hacia adelante, y hacia arriba y hacia abajo—. Todas las direcciones son o una de estas tres o una combinación entre ellas; son las denominadas tres dimensiones. Y ahora fíjate en esto: si solo utilizas una dimensión, solo podrías dibujar una línea recta. Si utilizas dos, podrás dibujar una figura, por ejemplo, un cuadrado. Y un cuadrado está hecho de cuatro líneas rectas. Y ahora vayamos un paso más allá. Si utilizas las tres dimensiones, podrás construir lo que llamamos un cuerpo sólido; por ejemplo, un cubo: algo como un dado o un terrón de azúcar. Y un cubo está hecho de seis cuadrados.

¿Ves lo que quiero decir? Un mundo de una sola dimensión sería una línea recta. En un mundo bidimensional siguen existiendo las líneas rectas, pero muchas líneas forman una figura. En un mundo tridimensional siguen existiendo las figuras, pero muchas figuras hacen un cuerpo sólido. En otras palabras, a medida que avanzamos a niveles más reales y complicados no dejamos atrás las cosas que encontramos en los niveles más simples: seguimos teniéndolas, pero combinadas de nuevas maneras —de maneras que no podríamos imaginar si solo conociéramos los niveles más simples—.

La visión cristiana de Dios implica el mismo principio. El nivel humano es un nivel simple y bastante vacío. En el nivel humano, una persona es un ser, y dos personas son dos seres separados, del mismo modo que, en dos dimensiones (digamos en una lisa hoja de papel), un cuadrado es una figura y dos cuadrados son dos figuras separadas. En el nivel divino, seguimos encontrando personalidades, pero allí las encontramos combinadas en nuevas maneras, que nosotros, como no vivimos en ese nivel, no podemos imaginar. En la dimensión de Dios, por así decirlo, encontramos un ser que es tres Personas mientras sigue siendo un Ser, del mismo modo que un cubo es seis cuadrados mientras sigue siendo un cubo. Por supuesto, nosotros no podemos concebir del todo a un Ser así, del mismo modo que, si estuviéramos hechos de manera tal que solo percibiéramos dos dimensiones en el espacio, nunca podríamos imaginar adecuadamente un cubo. Pero podemos tener una ligera noción del mismo. Y cuando lo hacemos, tenemos, por primera vez en la vida, una idea positiva, por ligera que sea, de algo super-personal, de algo que es más que una persona. Es algo que jamás podríamos haber podido imaginar, y sin embargo, una vez que nos lo han dicho, sentimos que debíamos haber sido capaces de adivinarlo dado que encaja tan perfectamente con todas las demás cosas que ya sabemos. Podrías preguntar: «Si no podemos imaginar a un Ser tripersonal, ¿de qué sirve hablar de Él?». Pues no sirve de nada hablar de Él. Lo que importa es ser realmente atraído por esa vida tripersonal, y eso puede empezar en cualquier momento... esta misma noche, si así lo quieres.[16]

¿Es relevante?

La doctrina de la Trinidad es enormemente relevante porque arroja luz sobre la naturaleza de Dios y su interacción con la creación.

En primer lugar, la doctrina de la Trinidad muestra que Dios es autosuficiente. Algunas personas pueden estar tentadas de pensar que Dios solo puede ser Dios si tiene un mundo del cual ser Dios. La Trinidad nos enseña que Dios no tenía necesidad de crear fuera de sí para ser quien es. Otras personas suponen que antes de la creación Dios se sentía solo. La doctrina de la Trinidad nos indica que las tres personas de la Trinidad existían antes de la creación del universo en una vida perfecta de amor y comunicación. Dios no creó el mundo o la humanidad por necesidad, sino a partir del flujo desbordante de amor y comunicación entre el Padre, el Hijo y el Espíritu Santo.

En segundo lugar, la doctrina de la Trinidad señala que

se deben usar tres modelos esenciales para expresar adecuadamente y en toda su profundidad la experiencia cristiana y el concepto de Dios. Ninguna única representación, imagen o modelo de Dios es suficiente, y estos tres modelos son esenciales si queremos preservar las líneas generales del concepto cristiano de Dios. El primer modelo es el de un Dios trascendente que sobrepasa el mundo como su fuente y creador; el segundo es el rostro humano de Dios, revelado en la persona de Jesucristo; el tercero es el del Dios inmanente que está presente y activo en toda su creación. La doctrina de la Trinidad afirma que estos tres modelos se combinan para definir las nociones cristianas esenciales sobre el Dios que resucitó a Jesucristo de entre los muertos. Ninguno de ellos, por sí solo, recoge adecuadamente la riqueza de la experiencia cristiana de Dios.[17]

En tercer lugar, es el Dios trinitario el que satisface nuestras necesidades psicológicas más fundamentales como seres humanos. Una terapeuta ocupacional, formada en psicología en un contexto humanista secular, me dijo que había estudiado que todos necesitamos tres cosas. Primero, necesitamos un punto de referencia. Necesitamos saber quiénes somos, de dónde venimos y a dónde vamos. Segundo, necesitamos a alguien como modelo (que puede ser, por ejemplo, un terapeuta). Y tercero, necesitamos un ayudante que nos asiste a llegar allí (que puede ser un psicólogo o un grupo de ayuda). Cuando esta terapeuta abrazó el cristianismo, dijo que se dio cuenta de que el Padre es nuestro punto de referencia, Jesús es nuestro modelo y el Espíritu Santo es nuestro ayudante. Vio entonces que la Trinidad satisface las necesidades psicológicas más profundas del ser humano.

En cuarto lugar, la doctrina de la Trinidad es relevante porque nos enseña que hay un triple aspecto en cada acto de la revelación de Dios. Una y otra vez vemos doctrinas expresadas de tres maneras y que muestran tanto la unidad como la trinidad de Dios, y que nos exigen que pensemos sobre la naturaleza de Dios en términos trinitarios. En el Nuevo Testamento, casi todas las doctrinas mencionadas —bautismo, gracia, salvación, elección, ética, adoración, unidad, etc.— se describen en términos trinitarios. Para comprender la naturaleza de Dios y todas las doctrinas sobre Dios necesitamos pensar trinitariamente.

Quisiera acabar este capítulo estudiando más detalladamente un ejemplo. En Efesios 3, Pablo describe la plenitud del Espíritu en términos trinitarios cuando ora para que los cristianos de Éfeso queden llenos del Espíritu.

> Por esta razón me arrodillo delante del Padre, de quien recibe nombre toda familia en el cielo y en la tierra. Le pido que, por medio del *Espíritu* y con el poder que procede de sus gloriosas riquezas, los fortalezca a ustedes en lo íntimo de su ser, para que por fe Cristo habite en sus corazones. Y pido que, arraigados y cimentados en amor, puedan comprender, junto con todos los santos, cuán ancho y largo, alto y profundo es el amor de Cristo; en fin, que conozcan ese amor que sobrepasa nuestro conocimiento, para que sean llenos de la plenitud de *Dios*. (Efesios 3,14-19, la cursiva es mía).

La plenitud del Espíritu es una experiencia de la paternidad de Dios. La oración de Pablo está dirigida al Padre, que es quien inicia el proceso. En Romanos 8, Pablo habla más explícitamente de la participación del Padre en la experiencia del Espíritu: «Porque todos los que son guiados por el Espíritu de Dios son hijos de Dios. Y ustedes no recibieron un espíritu que de nuevo los esclavice al miedo, sino el Espíritu que los adopta como hijos y les permite clamar: "¡Abba! ¡Padre!". El Espíritu mismo le asegura a nuestro espíritu que somos hijos de Dios» (Romanos 8,14-16).

La plenitud del Espíritu es también una experiencia del amor de Cristo. Pablo ora «para que por fe Cristo habite en sus corazones. Y pido que, arraigados y cimentados en amor, puedan comprender, junto con todos los santos, cuán ancho y largo, alto y profundo es el amor de Cristo; en fin, que conozcan ese amor que sobrepasa nuestro conocimiento, para que sean llenos de la plenitud de Dios» (Efesios 3,17-19).

Por último la plenitud del Espíritu es una experiencia del poder del Espíritu. Pablo pide que Dios fortalezca a los cristianos de Éfeso «por medio del Espíritu en lo íntimo de su ser» (versículo 16). Este es el poder que Jesús prometió a sus discípulos en sus últimas palabras antes de la Ascensión (Hechos 1,8).

Cuando el Espíritu Santo nos llena, experimentamos la paternidad de Dios, el amor de Cristo y el poder del Espíritu. Sin embargo, estos tres aspectos no pueden separarse. Pablo pide que los llene «el Espíritu», «Cristo» y «toda la plenitud de Dios». Los tres están en uno y uno en los tres. A Dios no hay que entenderlo solo intelectualmente, sino que también hay que experimentarlo en nuestro corazón y en nuestra vida. Estar lleno del Espíritu es experimentar a Dios como Trinidad.

NOTAS

1. El Símbolo Quicumque o Símbolo Atanasiano es una descripción de la fe cristiana ampliamente aceptada que se centra en la persona de Jesús y en la Trinidad.

2. James Innell Packer, *Hacia el conocimiento de Dios* (Editorial Unilit, 1979).

3. John Stott, *God's New Society* (IVP, 1979), p. 52.

4. Ibíd., p. 191.

5. Ibíd., p. 207.

6. J.N.D. Kelly, *Primitivos credos cristianos* (Ediciones Secretariado Trinitario, 1980), p. 281.

7. Alister E. McGrath, *Studies in Doctrine* (Zondervan, 1997), p.342.

8. Citado en Gerald Bray, *Creeds, Councils & Christ* (IVP, 1984), p. 178.

9. *The Times*, 25 de junio de 1992.

10. *The Times*, 1 de julio de 1992. N. del T.: En críquet, «*wicket*» hace referencia principalmente al conjunto de tres palos verticales situados detrás del bateador.

11. *The Times*, 1 de julio de 1992.

12. John Eddison, *Talking to Children* (H. E. Walter Ltd, 1979), p. 15.

13. Alister McGrath, *Understanding the Trinity* (Kingsway Publications, 1987).

14. Ibíd., pp. 138-139.

15. Ibíd.

16. C.S. Lewis, *Mero cristianismo* (Ediciones RIALP, 2005), p. 173-174.

17. Alister McGrath, *óp. cit.*, pp. 136-137.

CAPÍTULO 7

¿ES LA FE IRRACIONAL?

Cuando yo era ateo solía pensar que la fe era totalmente irracional. Solo a raíz de mi encuentro con Jesucristo empecé a comprenderla. A menudo la gente pregunta: «¿Hay pruebas que fundamenten la fe cristiana?». Otros sugieren: «¿No es la fe irracional por definición?». El filósofo Friedrich Nietzsche, por ejemplo, escribió que la fe «se opone a todo bienestar intelectual».

El cristianismo debe tener una respuesta, no solo a «temas candentes» concretos, sino también al planteamiento que cuestiona si la fe es en sí misma infundada e irracional. Este capítulo abordará la pregunta de si la fe es irracional considerando cinco puntos preliminares sobre la fe.

Se necesita fe para creer que Dios no existe

Es extremadamente difícil, quizá imposible, demostrar que Dios no existe. La mayoría de los filósofos y científicos coinciden en que no se puede demostrar de manera concluyente que Dios no existe, porque es casi imposible demostrar un «negativo universal». Incluso muchos ateos aceptarían que es imposible demostrar que Dios no existe.

En 2009, una coalición de ateos británicos lanzó una campaña de publicidad con el eslogan «*Probablemente* Dios no existe. Deja de preocuparte y disfruta la vida» (la cursiva es mía). La palabra «probablemente» se incluyó en reconocimiento de que es imposible demostrar la no existencia de Dios. Esto en sí mismo es una creencia. Los ateos *creen* que Dios no existe.

No son solo los creyentes los que creen en algo: *todo el mundo depende de algunas creencias.* Los cristianos tienen creencias. Los ateos tienen creencias. Incluso los agnósticos tienen creencias. Un amigo me contó una vez esta historia:

Hace algún tiempo, durante una conversación, ligeramente facilitada por el alcohol, sobre la vida, la muerte y los orígenes del universo, un amigo se volvió a mí y me dijo:

—Tú eres un hombre de fe, ¿qué opinas?

—Todos somos hombres y mujeres de fe —respondí—. Algunos tenemos fe en que Dios existe y otros en que Dios no existe. Ninguna de estas posiciones es demostrable.

—Precisamente por eso —dijo— soy agnóstico.

—Tú tampoco te escapas —repliqué—. Tú tienes fe en que no es importante decidir.

Tanto en el tema de la existencia de Dios, como en nuestra visión del mundo o en nuestro estilo de vida, siempre hay un elemento de «fe»: aquello en lo que *creemos*. No creer en Dios normalmente significa creer en otra cosa.

La fe es una parte esencial del conocimiento

Hay un elemento de fe en todas las áreas del conocimiento. Albert Einstein dijo en una ocasión:

El proceso que lleva a un descubrimiento no es ni lógico ni intelectual. Es una iluminación inesperada, casi una irrupción. Posteriormente, para asegurarse, la inteligencia, el análisis y la experimentación confirman (o invalidan) la intuición. Pero inicialmente se trata de un gran salto de la imaginación.[1]

Las decisiones legales también pueden requerir un paso de fe. Durante varios años ejercí la abogacía y soy muy consciente de que cuando un jurado emite un veredicto de culpabilidad está dando un paso de fe. No saben que el acusado es culpable, sino que deben confiar en los testigos y en las pruebas presentadas. Todo veredicto implica un elemento de fe.

En efecto, las mismas relaciones humanas, que son universales, se basan en un tipo de fe. En septiembre de 2007, una joven de 26 años llamada Yang, hija de un antiguo albañil, se convirtió en la persona más rica de China y en la mujer más acaudalada de Asia cuando su padre le entregó todo su patrimonio. Su fortuna ascendía a 16.200 millones de dólares. Un periódico de Hong Kong preguntó al señor Yang por qué había dejado toda su fortuna a su hija, y él respondió: «Aunque viva 100 años, se la daré igualmente. Es mi familia y tengo *fe* en ella».[2] La fe es una parte importante de muchos aspectos de la vida.

La fe y la razón pueden ser complementarias

La fe implica creer y confiar. Sin embargo la fe y la razón, en sí mismas, no se excluyen mutuamente; de hecho, pueden ser complementarias. La Biblia no nos lleva a una fe carente de razón. Junto a la centralidad del corazón y de la voluntad, el Nuevo Testamento también pone énfasis en la razón y la vida de la mente.

Jesús dijo: «Ama al Señor tu Dios con todo tu corazón, con todo tu ser y con toda tu *mente*» (Mateo 22,37, la cursiva es mía). El mismo Jesús afirmó: «Yo soy la verdad» (Juan 14,6). Asimismo, cuando Pablo estaba siendo procesado, lo acusaron de estar loco, pero el replicó: «No estoy loco [...]. Lo que digo es cierto y sensato» (Hechos 26,25). Pablo sostuvo que había una base racional en su fe en Jesús, y habló abiertamente sobre su fe «en la verdad» (2 Tesalonicenses 2,13).

Ser cristiano es creer en la verdad; hay racionalidad en la fe. Por eso, el apóstol Pedro escribe: «Estén siempre preparados para responder a todo el que les pida razón de la esperanza que hay en ustedes» (1 Pedro 3,15).

La fe es racional, pero la fe también va más allá de la razón en un contexto relacional. Tomemos como ejemplo mi relación con mi esposa, Pippa. Si me preguntaran si mi amor por mi esposa es racional o irracional, les diría que no es irracional en absoluto. Está fundado en muy buenas razones; hay muchas pruebas en las que baso mi amor por ella. Con todo, decir que mi amor por ella es *meramente* racional no haría justicia a nuestra relación. Una relación implica más que la mente: implica el corazón, el alma y todo nuestro ser.

El amor, como la fe, es mucho más grande y abarca mucho más que la razón por sí sola. De la misma manera, la fe en Dios es racional, pero también es más grande que la razón en sí misma. El Papa Juan Pablo II escribió:

> La fe y la razón son como las dos alas con las cuales el espíritu humano se eleva hacia la contemplación de la verdad.
>
> La fe, privada de la razón, ha subrayado el sentimiento y la experiencia, corriendo el riesgo de dejar de ser una propuesta universal. Es ilusorio pensar que la fe, ante una razón débil, tenga mayor incisividad; al contrario, cae en el grave peligro de ser reducida a mito o superstición. Del mismo modo, una razón que no tenga ante sí una fe adulta no se siente motivada a dirigir la mirada hacia la novedad y radicalidad del ser.[3]

La fe nunca es forzada

La fe es como el amor. El amor nunca coacciona ni fuerza a nadie. El conocimiento de Dios tampoco se abre camino a la fuerza en la gente, sino que es prometido a quienes lo buscan. Jesús dijo: «Pidan, y se les dará; busquen, y encontrarán» (Mateo 7,7). El gran genio matemático francés Blaise Pascal, que abrazó la fe cristiana a la edad de treinta y un años, señaló que Dios ha proporcionado suficientes pruebas de sí mismo para convencer a aquellos de nosotros que hemos abierto nuestra mente y corazón, pero esas pruebas nunca convencerán a aquellos que se han cerrado a la idea de Dios:

Queriendo descubrirse a las claras a los que le buscan con todo su corazón, y esconderse a los que huyen de él con todo su corazón, templó [Dios] el conocimiento de modo que dio señales de sí, visibles a los que le buscan, y oscuras a los que no le buscan. Hay bastante luz para los que no desean otra cosa que ver, y bastante oscuridad para los que son de temple contrario.[4]

De modo que la respuesta a la pregunta «¿qué pruebas hay?» es que no hay suficientes pruebas como para forzar la fe u obligar a la gente a creer, pero ciertamente sí que hay suficientes pruebas para concluir que la fe no es de ninguna manera irracional. El autor de la carta a los Hebreos define la fe de este modo: «La fe [...] es la *prueba* de lo que no se ve» (Hebreos 11,1, la cursiva es mía).[5]

La fe en Cristo también forma parte de una relación

Para un cristiano, la fe no consiste simplemente en creer en algo, sino en confiar en alguien. La fe es como el amor. No se trata solo de «sostener individualmente la opinión de que algo llamado "Dios" existe»,[6] sino que la fe está en el centro de una relación: una relación con un Dios que se ha dado a conocer en Jesucristo. Por eso, las analogías que los escritores del Nuevo Testamento utilizan para describir esta relación se basan en las relaciones personales más cercanas: la relación entre un padre o una madre y su hijo, y la relación entre un hombre y su esposa. Esta relación de confianza transforma nuestra vida y todas nuestras relaciones.

Todas las relaciones suponen un elemento de confianza —no solo la relación con Dios—. El Papa Juan Pablo II afirmó: «La capacidad y la opción de confiarse uno mismo y la propia vida a otra persona constituyen ciertamente uno de los actos antropológicamente más significativos y expresivos».[7]

Una relación con Dios es sin duda una cuestión de fe, pero, de ningún modo, una fe contra toda evidencia. ¿En qué evidencia basamos nuestra fe? Exploremos algunas de las razones por las que la fe es creíble y viable en el mundo moderno, fijándonos en la evidencia de Dios creador, la evidencia de Jesús y la evidencia de la transformación de vidas humanas.

Evidencia del Dios creador

El apóstol Pablo declaró que: «Desde la creación del mundo las cualidades invisibles de Dios, es decir, su eterno poder y su naturaleza divina, se perciben claramente a través de lo que él creó» (Romanos 1,20). Estaba claramente convencido de que hay algún signo o huella de Dios en la creación. ¿Qué pruebas sostienen esta afirmación?

La prueba de que hay «algo en vez de nada»

Cuando miramos al mundo que nos rodea, es natural que nos preguntemos por qué existe o de dónde viene. La ciencia moderna ha agudizado esa pregunta por nosotros. «La existencia del *Big Bang* plantea la pregunta de qué había antes de eso, y quién o qué fue responsable de ese suceso».[8] Esta perspectiva no suele ser popular. Como Stephen Hawking ha escrito: «A mucha gente no le gusta la idea de que el tiempo tenga un principio, probablemente porque eso huele a intervención divina».[9] Einstein está entre los que desarrollaron esta perspectiva. En un principio intentó resistirse a las implicaciones de su teoría de la relatividad (que el universo tiene un principio) tratando de formular un modelo que reconciliara su teoría con un universo estático. Finalmente, abandonó ese intento y aceptó que el universo tiene un principio y lo que eso implica: «la presencia de un poder racional superior» —aunque rechazó el concepto judeocristiano de Dios—.[10]

Para muchos, esta prueba indica la existencia de Dios, pero otros (incluido el mismo Hawking) intentan encontrar otras explicaciones. La pregunta que los científicos tratan de responder es: «Si el mundo empezó con el Big Bang, ¿cuál fue la causa del Big Bang?». ¿Surgió de la nada? ¿O cabría sugerir que fue causado por Dios?

En el párrafo conclusivo de su libro *God and the Astronomers*, el astrofísico Robert Jastrow escribió:

«Quizá fue un globo que estalló».

En este momento parece que la ciencia nunca será capaz de correr la cortina que rodea el misterio de la creación [...]. Ahora vemos que las pruebas astronómicas nos llevan a una visión bíblica del origen del mundo. Los detalles difieren, pero los elementos esenciales son los mismos. Asimismo, las conclusiones astronómicas y el relato bíblico del Génesis coinciden. La cadena de acontecimientos que dieron lugar al hombre comenzaron repentina y bruscamente en un momento concreto del tiempo, en un destello de luz y energía.[11]

La prueba de la «precisión» del universo

Como ya mencioné en el tercer capítulo, científicos como Stephen Hawking —aunque sus respuestas sean distintas a las nuestras— han demostrado que «incluso diferencias infinitesimalmente pequeñas en la explosión original que los cosmólogos consideran el punto de partida de nuestro universo habrían resultado en un mundo donde la vida consciente no habría surgido».[12] Lo que es cierto es que las pruebas que demuestran la precisión del universo y del mundo son cada vez mayores.

El catedrático Antony Flew fue uno de los filósofos racionalistas ateos más influyentes. Pero en 2004 cambió de opinión. El periódico *Church Times* publicó un artículo que decía: «Flew [...] ha abandonado su compromiso de por vida al ateísmo y acepta ahora que Dios existe. En sus propias palabras, "simplemente tuvo que ir a donde le llevaba la evidencia" y reconocer que "las pruebas de la existencia de Dios son ahora mucho más fuertes que antes"».[13]

La prueba de la naturaleza del ser humano

El filósofo David Hume señaló que no se puede derivar un «debería ser» de un «es».[14] Si las cosas simplemente «son», como afirman algunos ateos, entonces no puede existir el bien absoluto ni el mal absoluto. Pero en ese caso, ¿de dónde viene el sentido innato de bien y mal que todos parecemos llevar dentro —seamos cristianos, agnósticos o ateos—? Pablo dice que es el modo en que fuimos creados. Dios nos hizo con una conciencia. Según él, las exigencias de la ley están escritas en nuestro corazón, y, como lo atestigua nuestra conciencia, a veces nos acusan y otras veces nos excusan (Romanos 2,15).

Otra prueba convincente relacionada con la naturaleza humana es el anhelo por algo trascendente que muchos sienten dentro de sí. San Agustín (353-430 d.C.) exclamó: «Nos hiciste para ti, Señor, y nuestro corazón anda desasosegado hasta que descanse en ti».[15] Esta es la prueba de la experiencia: el vacío presente en el corazón de todo ser humano. En el fondo sabemos que lo material por sí solo no puede satisfacernos y que incluso las relaciones humanas son insuficientes. Bernard Levin, probablemente el mejor columnista de su generación, pareció ser siempre muy consciente, a pesar de no ser cristiano, de las respuestas insuficientes al significado de la vida. Escribió lo siguiente:

> Países como el nuestro están llenos de gente que tiene todas las comodidades materiales que desea, además de otras bendiciones de orden no material, como una familia feliz. Esta misma gente, sin embargo, lleva una vida de desesperación callada, o a veces ruidosa, en la que lo único que comprende es que dentro de sí hay un vacío, y que, por mucha comida y bebida con la que se quiera rellenarlo, por muchos autos y televisiones con los que se quiera colmarlo, por muchos hijos responsables y amigos leales de los que se presuma ante los demás, [...] ese vacío duele.[16]

Esta es la experiencia humana. Incluso en una sociedad secular como la británica, el 70 por ciento de la gente afirma creer en Dios. ¿Cómo explicar el hecho de que tanta gente en el mundo crea en Dios o esté abierta a la posibilidad de la existencia de Dios? Muchos críticos de la religión sugieren que la gente cree porque fue educada de esa manera. Pero la educación no responde a la pregunta de por qué tanta gente cree.

Un universitario dijo en una ocasión al gran Arzobispo de Canterbury William Temple: «Usted cree lo que cree debido a la forma en que fue educado». A lo que Temple respondió: «Es posible. Pero no es menos cierto es que tú crees que "yo creo lo que creo debido a la forma en que fui educado" debido a la forma en que tú fuiste educado».

Muchos también han sugerido que la religión es una satisfacción de los propios deseos. Sin embargo, como señaló C.S. Lewis: «Esa satisfacción de deseos daría lugar a un Dios muy diferente del que describe la Biblia».[17] El Dios de la santidad y la justicia, que llama a sus discípulos a una obediencia y a un discipulado exigentes, que enseña el amor y el perdón incluso a los enemigos no es ciertamente un Dios hecho a medida de los deseos de todo el mundo.

Ciertamente, desear algo no garantiza su existencia o no existencia. Cuando San Agustín reflexionó sobre el vacío en forma de Dios que hay en todo corazón humano, no estaba sugiriendo que lo que se desea tenga que existir (aunque ciertamente lo consideraba una pista). Lo que San Agustín pretendía era que nos fijáramos en la paz, el sosiego y la alegría que los cristianos testimonian continuamente en su relación con Dios.

La evidencia del Dios libertador

La gente que profesa la fe cristiana hoy en día puede observar no solo las pruebas de la creación y de la naturaleza humana, sino también la vida histórica de Jesucristo. John Stott escribió:

Dios se revela parcialmente en la belleza ordenada del universo creado. Se revela parcialmente en la historia y en la experiencia de la conciencia humana y de su consciencia [...]. Sin embargo, Dios se ha revelado total y definitivamente [...] solo en Jesús y a través de Jesús. Por eso toda indagación sobre la verdad del cristianismo ha de empezar en el Jesús histórico.[18]

La prueba de la vida de Jesús

Nadie pone en duda seriamente la disponibilidad de muchas pruebas históricas sobre la existencia de Jesús. Estas pruebas no solo las aportan los evangelios y otros escritos cristianos, sino también fuentes no cristianas. El historiador romano Tácito, por ejemplo, escribió: «Se les daba este nombre [a los cristianos] por Cristo, a quien, bajo el reinado de Tiberio, el procurador Poncio Pilato había condenado al suplicio [es decir, a la crucifixión]».[19]

Hay muchas pruebas históricas, tanto dentro como fuera del Nuevo Testamento, que demuestran la existencia de Jesús.[20]

La prueba de la muerte y resurrección de Jesús

La resurrección física de Jesucristo de entre los muertos es la piedra angular del cristianismo. En lo que a mí respecta, fue a través de la vida, muerte y resurrección de Jesús que llegué a creer en la existencia de Dios. Los cristianos llegan al conocimiento de Dios a través de estos acontecimientos históricos en los que Dios ha participado. El experto en Nuevo Testamento Tom Wright, mundialmente reconocido, afirmó lo siguiente:

> La afirmación cristiana no es que Jesús deba verse a la luz de un Dios que ya conocemos, sino la siguiente: la resurrección de Jesús sugiere enérgicamente que el mundo tiene un Creador, y que el Creador debe verse a la luz de Jesús.[21]

¿Qué pruebas hay de que la resurrección ocurriera realmente? Hay cuatro hechos históricos en los Evangelios que conviene examinar:
- El entierro de Jesús.
- El descubrimiento del sepulcro vacío.
- Los testimonios de personas que vieron las apariciones de Jesús después de su muerte.
- El origen de la fe de los discípulos en su resurrección.

Tom Wright concluye en su libro *The Resurrection of the Son of God* ('La resurrección del Hijo de Dios') que tenemos que enfrentarnos a dos hechos que, combinados, tienen una fuerza extraordinaria:

Nos queda una conclusión histórica segura: el sepulcro estaba vacío, y ocurrieron varios «encuentros» no solo entre Jesús y sus seguidores [...], sino también [...] entre Jesús y personas que no habían sido sus seguidores. Considero esta conclusión como perteneciente al mismo tipo de categoría —en lo que respecta a su altísima probabilidad histórica de que sea cierta— que la muerte de César Augusto en el año 14 d.C. o la destrucción de Jerusalén en el año 70 d.C.[22]

Wright también describe la expansión del cristianismo por todo el mundo entonces conocido, y añade: «Por eso, como historiador, no puedo concebir la irrupción del cristianismo primitivo a no ser que Jesús resucitara, dejando tras de sí un sepulcro vacío».[23]

La evidencia del Dios transformador

Para mucha gente, la prueba más evidente de la existencia de Dios es la transformación de vidas y de comunidades. El apóstol Pablo escribió: «Todos nosotros [...] somos transformados a su semejanza con más y más gloria por la acción del Señor, que es el Espíritu» (2 Corintios 3,18).

La prueba de la transformación de la vida de Pablo y de los demás apóstoles

Hay bastantes pruebas históricas de que la vida de los apóstoles fue transformada por lo que creyeron ser la experiencia de Jesús resucitado y la efusión del Espíritu Santo. Consideremos un ejemplo.

De una manera totalmente inesperada, Pablo, que había estado persiguiendo a la iglesia, se convirtió en el mayor abogado del cristianismo. ¿Qué provocó este giro tan radical? Pablo fue muy claro en su respuesta: «¿No he visto a Jesús nuestro Señor?» (1 Corintios 9,1). Enumera las primeras apariciones de Cristo y después añade: «Y por último [...] se me apareció también a mí» (1 Corintios 15,8). El libro de los Hechos de los Apóstoles corrobora la afirmación de Pablo de que vio a Jesús resucitado (Hechos 9,4ss.; 22,7ss.; 26,14ss.).

En el siglo XVIII dos destacados abogados, Lord Lyttleton y Gilbert West, ambos ateos, estaban absolutamente determinados a destruir la fe cristiana. Acordaron hacerlo minando dos acontecimientos históricos: la resurrección de Jesucristo y la conversión de San Pablo.

En su libro *Observations on the History and Evidence of the*

Resurrection of Jesus Christ ('Observaciones sobre la historia y las pruebas de la resurrección de Jesús'), Gilbert West se dispuso a demostrar que Jesús no había resucitado de entre los muertos. En una de las guardas del libro, West citó el libro del Eclesiástico 11,7: «No critiques sin antes averiguar; primero examina, censura después».[24] Analizó las pruebas de la resurrección desde un punto de vista jurídico y, al final, aceptó que Jesús había resucitado de entre los muertos tal y como lo describían los evangelios.

El libro de Lord Lyttleton se tituló *Observations on the Conversion and Apostleship of St Paul* ('Observaciones sobre la conversión y apostolicidad de San Pablo'). Él también analizó las pruebas desde un punto de vista jurídico y llegó al convencimiento de que Saulo de Tarso se convirtió y se transformó en un hombre nuevo, tal y como lo describía el libro de los Hechos de los Apóstoles. Mientras escribía el libro, Lyttleton también experimentó una conversión y abrazó el cristianismo. Respecto a las pruebas sobre la transformación de la vida de San Pablo, Lyttleton escribió: «Una consideración adecuada de la conversión y la apostolicidad de San Pablo es en sí misma demostración suficiente para probar que el cristianismo es una revelación divina».[25]

La prueba de vidas y comunidades transformadas

Los innumerables ejemplos de vidas transformadas en la historia de la iglesia y en la actualidad son otras pruebas que demuestran la racionalidad de la fe. La conversión de San Agustín y de John Wesley son solo dos ejemplos entre otros muchos. Personalmente, he oído muchísimos testimonios de gente cuyas vidas han sido transformadas en Alpha, tanto en nuestra iglesia como en todo el mundo. El contenido de una conversación sobre la experiencia de transformación de alguna de estas personas suele ser:

-¿Eras cristiano antes?

-No.

-¿Y qué pasó?

-Me encontré con Jesús.

-¿Cómo ha cambiado tu vida a raíz de tu encuentro con Jesús?

-Jesús ha transformado mi relación con mi esposa.

Otras respuestas frecuentes son:

-Jesús me ha liberado del consumo de drogas.

-Jesús me ha liberado de la adicción al alcohol.

Francis Collins, antiguo director del Proyecto Genoma Humano, es hoy uno de los científicos más destacados. Sus padres eran librepensadores, y él fue, primero agnóstico, y después ateo. Mientras trabajaba como médico tuvo la siguiente experiencia:

Fui educado por mis padres, ambos librepensadores, para quien la religión no era muy importante. [...] Primero me hice agnóstico y más adelante ateo. [...] Una tarde, una amable abuelita con pocas semanas de esperanza de vida, compartió conmigo abiertamente su fe en Jesús, y luego me preguntó: «Doctor, ¿en qué cree usted?». [...] Huí de la habitación con la incómoda sensación de que el hielo ateo sobre el que estaba de pie se estaba resquebrajando, aunque no estaba seguro de por qué. Y entonces, de repente, la razón de mi desasosiego irrumpió con fuerza: yo era científico; se suponía que debía tomar decisiones a partir de pruebas concretas. Sin embargo, nunca había considerado verdaderamente las pruebas a favor o en contra de la fe. Me dispuse a explorar esas pruebas con más profundidad, y empecé a ver a mi alrededor señales de algo que estaba más allá de la naturaleza y que podía llamar Dios. Me di cuenta de que los métodos científicos solo pueden responder a preguntas sobre CÓMO funcionan las cosas, pero no pueden responder a preguntas sobre el PORQUÉ —y estas son de hecho las preguntas más importantes—. ¿Por qué hay algo en vez de nada? ¿Por qué las matemáticas describen tan bien la naturaleza? ¿Por qué está el universo ajustado con tal precisión que alberga la vida? ¿Por qué tenemos los seres humanos un sentido universal del bien y del mal y tenemos el impulso de hacer el bien? [...] Confrontado por esta revelación, me di cuenta de que mi propia suposición —que la fe se opone a la razón— era incorrecta. Debería haberlo sabido: las Escrituras definen la fe como: «la garantía de lo que se espera, la prueba de lo que no se ve».[26] ¡La prueba! Al mismo tiempo, me di cuenta de que el ateísmo era, en efecto, la opción menos racional [...]. ¿Cómo pude haber tenido la arrogancia de hacer esa afirmación? Después de dos años más de búsqueda, finalmente encontré mi propia respuesta en la persona y el amor de Jesucristo. Fue un hombre diferente a los demás. Fue humilde y bondadoso. Se acercó a los que la sociedad menospreciaba. Hizo declaraciones increíbles sobre el amor a los enemigos. Y prometió algo que ningún hombre normal podría prometer: el perdón de los pecados. Después de haber pensado toda mi vida que Jesús era simplemente un mito, me quedé asombrado al saber que las pruebas históricas sobre la existencia de Jesús eran de hecho abrumadoras. Al final, llegué a la conclusión de que las pruebas exigían un veredicto. A mis 28 años, ya no pude negar mi necesidad de perdón y de una nueva vida, me di por vencido y empecé a seguir a Jesús. Él es ahora la roca sobre la que me mantengo firme; es para mí la fuente de auténtico amor, paz, alegría y esperanza.[27]

Una y otra vez, a lo largo y ancho del mundo, millones de personas se encuentran con el Cristo resucitado hoy en día. Esta es una prueba. No son solo vidas individuales las que han sido transformadas, sino comunidades enteras.

La iglesia misma es prueba de ello. La iglesia ha supuesto un cambio positivo en las vidas de miles de millones de hombres y mujeres. Ha tenido un impacto en la sociedad, en la cultura, en el arte y en la filosofía. Ha influido en la vida familiar, en la dignidad de los seres humanos, en los derechos de los niños y en la ayuda a los pobres, a los enfermos, a los moribundos y a los sin techo.

La prueba de un conocimiento transformado

C.S. Lewis dijo: «Creo en el cristianismo del mismo modo en que creo que ha salido el Sol, no solo porque lo veo, sino también porque, gracias a él, veo todo lo demás».[28] No solo podemos ver el Sol, sino que, gracias a él, podemos ver todo lo demás que nos rodea. Lo que Lewis quería decir era que tener fe proporciona una perspectiva totalmente nueva de este mundo.

San Anselmo de Canterbury dijo: «*Credo ut intellegam*» ('creo para entender'). El método científico se comporta de un modo similar: primero, propone una teoría, y luego, la demuestra poniéndola a prueba. Es a través de la fe como llegamos a comprender el mundo —a través de la fe en Jesús «[...] en quien están escondidos todos los tesoros de la sabiduría y del conocimiento» (Colosenses 2,3)—. Nuestra comprensión del significado del universo viene a través de la fe. La fe no es ciertamente irracional. De hecho, su relación con la razón está en continuo desarrollo. En la Encíclica *Fides et Ratio* de Juan Pablo II, sobre las relaciones entre fe y razón, al capítulo titulado «*Credo ut intellegam*» ('creo para entender'), le sigue el capítulo titulado «*Intellego ut Credam*» ('entiendo para creer'). En otras palabras, cuando empiezas a creer, no dejas de explorar. La actitud cultural dominante de hoy en día sostiene que los cristianos simplemente dejan de pensar. Este no es ciertamente el caso: cuando uno se hace cristiano, lo que realmente ocurre es que se interesa *más* en todo. Uno empieza a explorar el universo de Dios. La razón, en un contexto relacional, obtiene permiso para preguntar, para investigar y para continuar aprendiendo.

Los relatos de la creación y de la caída son dos ejemplos de cómo el cristianismo transforma nuestro conocimiento del mundo. La doctrina de la creación proporciona un contexto a la omnipresencia de la belleza —en todo ser humano hay algo de noble—. La doctrina de la caída explica por qué nada es del todo perfecto —tanto en la creación como en el ser humano—. El gran novelista ruso Aleksandr Solzhenitsyn escribió: «La frontera que separa el bien del mal no atraviesa los estados, ni las clases, ni los partidos políticos [...], sino que atraviesa todos y cada uno de los corazones humanos».[29]

Este es el conocimiento que transmite la Biblia para comprender el mundo. La fe nos ayuda a comprender la religión, el ateísmo, el intelecto humano, la estructura racional del universo, la justicia y la amistad. Pero, por encima de todo, la fe nos ayuda a comprender el amor.

Probablemente el amor sea la transfiguración más poderosa del conocimiento humano. Si Dios no existe, si este mundo simplemente surgió de la nada, ¿cómo explicamos el amor? El teólogo británico Graham Tomlin describe cómo la realidad del amor nos ofrece dos posibilidades:

Al fin y al cabo, hay que hacer una simple y llana elección. ¿Es el amor un «instinto frustrado», un producto accidental de la evolución y una estrategia ligeramente encubierta de supervivencia personal o genética? ¿O es de hecho el centro de la realidad y la razón por la que estamos aquí? Para los cristianos, el amor es el centro de todo lo que somos. Estamos hechos a imagen y semejanza de un Dios que es amor, y fuimos creados para aprender a amar y para ser amados. Ese es el sentido completo de nuestra existencia. Los cristianos sugieren que tenemos un instinto profundo que nos dice que el amor no es un producto accidental o un «error bendito», sino el mismo centro de la experiencia humana de vida y felicidad.[30]

Conclusión

Solo puedo concluir con mi propia experiencia. Yo era ateo. Cuando era adolescente me pasaba mucho tiempo argumentando contra el cristianismo. Empecé a investigar con mayor profundidad cuando dos buenos amigos, Nicky y Sila Lee, me dijeron que se habían hecho cristianos. Me preocupaban y por eso me puse a estudiar el cristianismo más a fondo.

Empecé leyendo el Nuevo Testamento. No leí los evangelios como palabra inspirada de Dios, sino, simplemente, como documentos históricos. Sin embargo, me parecieron verosímiles. Me di cuenta de que había pruebas históricas sobre Jesús y tuve que tomar una decisión. Con eso no se cumplía ninguno de mis deseos, porque en ese momento pensaba que si el cristianismo era verdadero y yo acababa abrazándolo, ¡mi vida acabaría siendo un aburrimiento! A pesar de todo, decidí que si era cierto, tendría que hacerme cristiano. Así que dije «sí» pensando que ese sería el fin de cualquier tipo de gozo en mi vida.

En el momento en que di ese paso, experimenté a Jesucristo vivo, a Jesucristo resucitado, y me di cuenta de que eso era lo que de hecho había estado buscando toda mi vida sin saberlo. Aunque no era consciente de un vacío en forma de Dios, siempre andaba buscando algo más para tratar de llenarlo.

Cuando tuve la experiencia de una relación personal con Dios a través de Jesucristo, mi anhelo quedó satisfecho. Sentí el amor que Dios me tiene gracias al Espíritu Santo. Esa experiencia destruyó mi concepto de que todo lo que hacemos en la vida es egoísta. Empecé a darme cuenta de que si Dios existe, puede irrumpir con su amor y darnos una libertad de amar que transforma nuestra vida. Esto es lo que he experimentado en los últimos cuarenta años de mi vida.

La vida no siempre ha sido fácil desde entonces. Existe la noche oscura

«Me gustaría tener la oportunidad de llenarlo de autos, televisiones e hijos... solo para ver qué tal...».

del alma, hay experiencias dolorosas de duda y sufrimiento, todo tipo de cosas que desafían nuestra fe y mucho más. Pero, en mi experiencia, siempre he constatado que realmente hay buenas pruebas que demuestran nuestra fe. Nuestra fe no es irracional; es racional. Supera también la racionalidad porque es relación; relación con el Dios que nos hizo. Para mí, lo importante es poder decir, con el apóstol Pablo y con muchos otros: «Sé en quién he creído» (2 Timoteo 1,12).

NOTAS

1. Testimonio recogido en John Dominic Crossan, *The Dark Interval: Towards a Theology of Story* (Argus Communications, 1975), p. 31.
2. *The Times*, 9 de octubre de 2007, p. 55.
3. Juan Pablo II, *Fides et Ratio. Carta Encíclica sobre las relaciones entre fe y razón* (14 de septiembre de 1998), Saludo inicial y §48.
4. Blaise Pascal, *Pensamientos sobre la religión* (Oficina de Viuda de Blas Miedes, 1790), p. 121.
5. Versión tomada de la *Nueva Biblia de Jerusalén* (Desclée de Brouwer, 1998).
6. Citado en Lash, «Where Does The God Delusion Come From?», *New Blackfriars Magazine*, p. 512.
7. Juan Pablo II, *óp. cit.*, §33.
8. Francis Collins, *El lenguaje de Dios. Un científico presenta evidencias*

para creer (Planeta México, 2007).

9. Stephen Hawking, *Breve historia del tiempo* (Editorial Planeta Mexicana, 2008).

10. Hugh Ross, *The Fingerprint of God* (Promise Publications, 1991).

11. Robert Jastrow, *God and the Astronomers* (W. W. Norton, 1992), pp. 107, 114.

12. Stephen Hawking, *óp. cit.*

13. Paul Badman, artículo en *Church Times*, 26 de octubre de 2007.

14. David Hume, 1738. Referencia desconocida.

15. San Agustín, *Confesiones*, Libro primero, Capítulo primero, Invocación.

16. Con el amable permiso de Bernard Levin.

17. Francis Collins, *óp. cit.*, p. 37.

18. John Stott, *Authentic Christianity* (Inter-Varsity Press, 1996), p. 47.

19. Tácito, *Anales*, Libro XV, Capítulo 44 (Ediciones AKAL, 2007), p. 679.

20. Para un análisis más profundo sobre las pruebas históricas de la existencia de Jesús, ver «¿Quién es Jesús?» y «¿Por qué murió Jesús?» en Nicky Gumbel, *Preguntas de la vida* (Alpha International, 2013).

21. N.T. Wright, *The Resurrection of the Son of God* (Fortress Press, 2003), p. 170.

22. Ibíd.

23. N.T. Wright, «The New Unimproved Jesus», *Christianity Today*, 13 de Septiembre de 1993.

24. Versión tomada de *Dios habla hoy* (Sociedades Bíblicas Unidas, 1983).

25. Lord Lyttleton, *Observations of the Conversion and Apostleship of St. Paul* (1747).

26. Versión tomada de la *Nueva Biblia de Jerusalén* (Desclée de Brouwer, 1998).

27. Intervención de Francis S. Collins en el 55º Desayuno Nacional de Oración, Washington D.C., EE.UU., 1 de febrero de 2007.

28. C.S. Lewis, *The Weight of Glory: And Other Addresses* (HarperOne, 2001), p. 116.

29. Aleksandr Solzhenitsyn, *Archipiélago Gulag: 1918-1956: ensayo de*

investigación literaria (Círculo de Lectores, 1998), volumen I.

30. Graham Tomlin, «Dawkins – A Theologian's Perspective», en Nicky Gumbel, *Is God a Delusion?* (Alpha International, 2008), p. 108.

LECTURA ADICIONAL

Capítulo 1
C.S. Lewis, *El problema del dolor* (Editorial Universitaria, 1990).
John Stott, *La cruz de Cristo* (Ediciones Certeza, 1996).

Capítulo 2
Nicky Gumbel, *Preguntas de la vida* (Alpha International, 2013), especialmente los capítulos «¿Quién es Jesús?» y «¿Por qué y cómo debemos contárselo a los demás?».
John Stott, *El cristiano contemporáneo* (Nueva Creación, 1995).

Capítulo 3
Francis S. Collins, *El lenguaje de Dios. Un científico presenta evidencias para creer* (Planeta México, 2007).

Capítulo 7
Timothy J. Keller, *En Defensa de Dios. Creer en una época de escepticismo* (Grupo Editorial Norma, 2009).
Juan Pablo II, *Fides et Ratio. Carta Encíclica sobre las relaciones entre fe y razón* (14 de septiembre de 1998).

Centros de información y venta de recursos:

La oficina de Alpha International
Alpha International
Holy Trinity Brompton
Brompton Road
Londres SW7 1JA
Reino Unido
e-mail: info@alpha.org
alpha.org

En las Américas
Alpha América Latina y el Caribe
e-mail: latinoamerica@alpha.org
e-mail: recursos@alpha.org
alpha.org/latinoamerica

Alpha Argentina
e-mail: info@alphaargentina.org
alpha.org/argentina

Alpha Colombia
e-mail: latinoamerica@alpha.org
alpha.org/latinoamerica

Alpha Costa Rica
e-mail: wendy@alphacr.org
e-mail: otto@alphacr.org
alpha.org/costarica

Alpha México
e-mail: oficinaalphamexico@gmail.com
e-mail: carlos.glz@fundacionalpha.org.mx
alpha.org/latinoamerica

Alpha EE.UU.
e-mail: latinos@alphausa.org
alphausa.org/latinos

En Canadá
Alpha Canadá
e-mail: office@alphacanada.org
alphacanada.org

En España y Europa
Alpha España
e-mail: info@cursoalpha.es
alpha.org/espana

CPSIA information can be obtained at www.ICGtesting.com
Printed in the USA
BVOW06s0351170916

462451BV00004B/4/P